中国路网丛书

Implementation Handbook of Electronic Toll Collection(ETC) Customer Service

电子不停车收费系统(ETC)客户服务实施手册

组织编写　交通运输部路网监测与应急处置中心
主　　编　王　刚
副 主 编　李　剑　刘　旭　梅乐翔

人民交通出版社股份有限公司
China Communications Press Co.,Ltd.

内 容 提 要

本书共分为9章，依据交通运输部颁布的《公路电子不停车收费联网运营和服务规范》、交通运输部办公厅颁布的《收费公路联网收费运营和服务规则》等标准文件编制而成，在此基础上，充分总结近年来电子不停车收费系统运营与服务的经验，融入实际案例，对规范和细则的相关内容再进一步进行深入阐述。

本书主要面向广大电子不停车收费系统运营管理与服务人员以及电子不停车收费系统产品生产企业。

图书在版编目（CIP）数据

电子不停车收费系统（ETC）客户服务实施手册／王刚主编；交通运输部路网监测与应急处置中心组织编写．—北京：人民交通出版社股份有限公司，2019.9
ISBN 978-7-114-15841-4

Ⅰ．①电… Ⅱ．①王… ②交… Ⅲ．①公路收费系统—收费制度—行业标准—中国—手册 Ⅳ．①U412.36-65

中国版本图书馆CIP数据核字（2019）第209199号

Dianzi Butingche Shoufei Xitong（ETC）Kehu Fuwu Shishi Shouce

书　　名：	电子不停车收费系统（ETC）客户服务实施手册
著 作 者：	王　刚　李　剑　刘　旭　梅乐翔
责任编辑：	周佳楠　丁　遥
责任校对：	张　贺　龙　雪
责任印制：	张　凯
出版发行：	人民交通出版社股份有限公司
地　　址：	（100011）北京市朝阳区安定门外外馆斜街3号
网　　址：	http：//www.ccpress.com.cn
销售电话：	（010）59757973
总 经 销：	人民交通出版社股份有限公司发行部
经　　销：	各地新华书店
印　　刷：	北京市密东印刷有限公司
开　　本：	787×1092　1/16
印　　张：	6
字　　数：	180千
版　　次：	2019年9月　第1版
印　　次：	2019年9月　第1次印刷
书　　号：	ISBN 978-7-114-15841-4
定　　价：	70.00元

（有印刷、装订质量问题的图书由本公司负责调换）

中国路网丛书编审委员会

主　任：李作敏　孙永红

副主任：孔凡国　王　刚　张志军　王松波

委　员：陈　洁　郑宗杰　蔚晓丹　杨　峰
　　　　周可夫　董雷宏　郝　盛　闻　静
　　　　虞丽云　方　申　陈智宏　王　虎
　　　　江运志　李　剑　梅乐翔　刘　旭
　　　　胡士祥

《电子不停车收费系统(ETC)客户服务实施手册》编写组

主　　编：王　刚

副 主 编：李　剑　　刘　旭　　梅乐翔

编写人员：王梦佳　　高　薪　　黄　芸　　吕振林
　　　　　谢蒙萌　　宁　卿　　蔡　治　　余　强
　　　　　王　宇　　刘　轶　　王超芮　　赵　晴
　　　　　刘　蕾　　赵　阳　　焦　阳　　李　英
　　　　　赵伟一　　李　超　　李　耿　　辛镜坤
　　　　　罗胜坚　　潘林伍　　王　棚　　陈　聪
　　　　　邓　涛　　赵书丽　　雷世明　　吴家宇
　　　　　黄　鑫　　刘婧雯

总 序

新中国成立70年来,公路交通的发展取得了举世瞩目的成绩,全国公路总里程已达484.65万公里,高速公路突破14万公里,昂居世界第一,为国民经济社会发展、全面建成小康社会提供了基础性、先导性和服务性的重要支撑,为建设交通强国、形成高质量立体互联的综合交通网络化格局奠定了坚实的基础。

进入新时代,交通运输事业仍处于基础设施发展、服务水平提高和转型发展的黄金时期。同时,公路交通的"大路网格局"与"网络化运行"特征越发明显,未来一段时间将是我国公路交通体系重构、标准统一、联网联控、智能智慧的重要发展期、机遇期。随着2019年年底全面取消高速公路省界收费站——这一我国交通发展史乃至世界交通发展史上百年难遇的重大里程碑式工程即将实现,中国公路必将开启"一张网"体系下管理与服务的新时代。

新时代开启新征程,新使命谱写新篇章。作为始终秉承"让路网运行更安全畅通、让公众出行更便捷愉快"宗旨的交通运输部路网监测与应急处置中心(以下简称"中心"),自成立之初就以实现公路网"出行效益最优化、运行效率最大化、不安全因素最小化和服务质量最佳化"作为中国路网事业追求的发展目标,努力践行"融合创新、联网保障、协同高效、开放共享、服务至上"的发展理念,积极打造以精准监测为核心、高效处置为关键、出行服务为龙头的智慧路网体系,不断提升路网管理能力和服务水平,为建设具有中国特色、世界一流的现代化、智能化的路网指挥中心而奋斗。

诚然,作为一项新事业、一个新领域,从概念诞生到懵懂前行再到蓬勃发展,公路网管理与服务经历了从抽象到具体、由理论到实践的逐步发展过程。这段宝贵的经验值得我们去珍惜、去总结、去借鉴。为此,中心倾全员之力、多年之功,编撰了由6本专著组成的"中国路网丛书"。丛书立足于公路"一张网"时代运行特征与现状,着眼于智慧中国路网技术发展最前沿,从公路网运行管理基本概念、基本理论入手,全面深入地介绍了路网监测、应急处置、出行服务、联网收费、造价管理等领域系统性、前瞻性的研究成果,以及以"云网融合"为代表的新一代智慧路网技术新理论、新架构、新体系。

"中国路网丛书"是国内首部综合介绍公路运行管理与服务体系的优秀著作。编撰过程周密严谨、内容完整翔实,注重业务实践及新技术应用,可以有效引领"智慧中国路网"建设健康、可持续发展。希望"中国路网丛书"能够成为从事公路网管理与服务工作行业同仁、专家学者以及广大读者的良师益友和参考工具,促中国路网事业发展蒸蒸日上,为实现交通强国伟大战略作出更大贡献!

"中国路网丛书"编审委员会
2019 年 9 月

前　言

电子不停车收费系统(Electronic Toll Collection,ETC)是目前世界上最先进的路桥收费方式,是公路收费及运营管理的重要组成部分,是保证公路优良服务水平的主要手段之一。经过多年的探索和实践,我国公路电子不停车收费系统的建设和推广应用规模快速增长。

2000年,交通部编制印发了《高速公路联网收费暂行技术要求》,我国高速公路联网收费"三步走"的发展历程正式启动。2001年,浙江省率先实现了省内联网收费。2003年,京沈高速公路联网收费示范工程圆满完成。2006年,实行高速公路收费的省份基本上已实现省内联网收费。

从2007年开始,交通部依托"十一五"科技支撑计划重大项目"国家高速公路联网不停车收费和服务系统",组织编制了一系列ETC国家标准和行业技术要求,并开展了京津冀和长三角区域ETC联网示范工程建设。2010年底,京津冀区域示范工程顺利完成、长三角区域示范工程基本完成,ETC联网的经济效益和社会效益初步显现,并引起广泛关注。

2010年12月,交通运输部提出"实现全国联网"的最终奋斗目标。2015年9月28日,实现全国ETC联网,标志着我国公路网管理进入新的历史发展阶段。于2017年底完成的依托全国ETC系统及运营服务体系开具收费公路通行费增值税电子发票工作,更是将ETC与国家税收体系紧密结合,从而进一步推进物流业降本增效,提升收费公路服务水平。

近年来,我国深化收费公路制度改革工作逐步开展,国家加大交通基础设施建设投入,公路建设快速发展,路网规模不断扩大,收费公路里程逐年增加,联网收费的路段逐渐呈网状分布,ETC应用服务不断发展。2019年5月16日,国务院印发《深化收费公路制度改革取消高速公路省界收费站实施方案》(国办发〔2019〕23号),提出加快电子不停车收费系统推广的应用。同年5月29日,国家发展和改革委员会和交通运输部联合印发《加快推进高速公路电子不停车快捷收费应用服务实施方案》,提出到2019年12月底,全国

ETC用户数量突破1.8亿,高速公路收费站ETC全覆盖,ETC车道成为主要收费车道,货车实现不停车收费,高速公路不停车快捷收费率达到90%以上,所有人工收费车道支持移动支付等电子收费方式,显著提升高速公路不停车收费服务水平。到2025年,全国ETC用户数量进一步提升,要建成技术先进、制度完善、服务优质、运行稳定的高速公路电子不停车快捷收费体系。

在巨大的政策利好和主管部门有力的推动实施下,ETC应用在2019年迅速推广至大江南北,已成为一种"网红"现象,在未来也将无时无刻伴随着我们的出行。如何做好ETC发行售后服务,规范ETC客户服务,提升高速公路运营服务质量,使ETC发行和服务能够更加贴近群众,使ETC联网运营能够更加有力推动交通运输转型升级、提质增效,成为一项重大课题。

为规范全国公路电子不停车收费联网运营与服务,保障全国公路ETC联网运营秩序,为用户提供优质服务,交通运输部颁布了《公路电子不停车收费联网运营和服务规范》,交通运输部路网监测与应急处置中心组织有关单位编制了《收费公路电子不停车收费联网运营和服务实施细则》。ETC客户服务相关国家标准、行业规范及政策等虽已发布实施,各地也在多年的实践中积累了广泛的经验,但在开展ETC客户服务工作时,存在对标准规范执行力度不够问题,或因为考虑本地区的个性应用与发展需求,在开展工作时仍存在一些差异。本书在相关国家标准、行业规范及政策的基础上,充分总结近年来ETC运营与服务的经验,融入实际案例,对规范和细则的相关内容进一步进行阐述,以期为广大ETC运营管理与服务人员以及ETC产品生产企业提供有益参考。

本书共包括9章,第1章总则、第2章定义、第3章一般规定、第4章发行服务、第5章售后服务、第6章通行服务、第7章后台管理、第8章渠道管理、第9章评价指标。

请各有关单位在使用过程中,将发现的问题和意见,函告本手册日常管理组,联系人:王超芮(地址:北京市朝阳区安定路5号外运大厦A座20层,交通运输部路网中心收费公路联网结算管理中心,邮编:100161;电话:010-65299341;传真:010-65299344;电子邮箱:chinaetc@vip.163.com),以便修订时参考。

本书编写组
2019年8月

目 录

1 总则 001
2 定义 003
   2.1 基础定义 004
   2.2 服务对象定义 004
   2.3 服务内容定义 004
3 一般规定 007
   3.1 服务参与方职责 008
   3.2 业务办理资料 009
4 发行服务 011
   4.1 总则 012
   4.2 开户 012
   4.3 车辆信息录入 014
   4.4 开卡 015
   4.5 注册电子标签 016
   4.6 安装激活电子标签 017
5 售后服务 019
   5.1 总则 020
   5.2 用户卡业务 020
   5.3 电子标签业务 026
   5.4 资金业务 033
   5.5 信息业务 038
6 通行服务 045
   6.1 基本规则 046
   6.2 特情处理原则 047

  6.3 通行保障 ………………………………………………………… 048
7 后台管理 ……………………………………………………………… 049
  7.1 黑名单管理 ……………………………………………………… 050
  7.2 库存管理 ………………………………………………………… 050
  7.3 账务管理 ………………………………………………………… 052
  7.4 统计分析 ………………………………………………………… 053
  7.5 档案管理 ………………………………………………………… 055
  7.6 维护保障 ………………………………………………………… 057
8 渠道管理 ……………………………………………………………… 059
  8.1 线上渠道管理 …………………………………………………… 060
  8.2 线下渠道管理 …………………………………………………… 062
9 评价指标 ……………………………………………………………… 065
  9.1 发行售后指标 …………………………………………………… 066
  9.2 应用服务指标 …………………………………………………… 068
  9.3 渠道管理指标 …………………………………………………… 070
附件 ……………………………………………………………………… 073
  附表1 业务规则简表 ……………………………………………… 074
  附表2 业务规则表 ………………………………………………… 075
  附表3 业务状态与黑名单对应关系表 …………………………… 082
  附表4 卡状态与卡业务对应关系表 ……………………………… 083
  附表5 电子标签状态与标签业务对应关系表 …………………… 084

1 总则

(1)根据《公路电子不停车收费联网运营和服务规范》(JTG B10-01—2014)的有关规定,为详细规范和指导全国公路电子不停车收费系统(以下简称"ETC")客户服务工作,特制定本规程。

(2)本规程适用于全国ETC客户服务、运营管理和消费应用等工作。

2 定义

2.1 基础定义

(1) **用户账户**:个人或单位在 ETC 发行方开立的账户。

(2) **卡账户**:与客户持有的非现金支付卡一一对应的资金账户,每张用户卡对应一个卡账户,卡账户可独立存在或与其他金融账户关联。

(3) **非现金支付卡**:向社会公开发行的具有收费公路通行费缴纳功能的智能卡(简称"用户卡")。按是否在卡的电子钱包内预存通行费可分为储值卡和记账卡。

(4) **储值卡**:储值卡采用实名制,卡内电子钱包记录资金信息,客户需在卡内预存通行费。客户车辆在通过收费公路时,系统直接从卡内扣除当次通行费,并根据通行记录在卡账户中记账。

(5) **记账卡**:记账卡采用实名制,卡内不记录资金信息,对符合条件的客户开通,可先使用后结算。客户车辆在通过收费公路时,系统根据通行记录在卡账户中记账,客户按照记账结果缴纳通行费。

(6) **电子标签**:安装在车辆内部(风挡玻璃或仪表台上)并且利用专用短程通信与路侧单元进行信息交换的设备,电子标签中记录着车辆的车牌号码、车辆参数等信息,用以识别车辆身份。

2.2 服务对象定义

(1) **开户人**:在发行方开立用户账户的个人或单位。
(2) **车辆所有人**:机动车行驶证中"所有人"栏标明的个人或单位。
(3) **经办人**:受开户人或车辆所有人委托,代理经办 ETC 业务的个人。

2.3 服务内容定义

2.3.1 发行业务

(1) **开户**:首次办理 ETC 业务时,发行方为客户开设用户账户的服务。
(2) **车辆信息录入**:在用户账户内录入车辆信息的服务。
(3) **开卡**:将录入系统的相关信息写入用户卡并开设卡账户的服务。
(4) **注册电子标签**:将录入系统的相关信息写入电子标签并发行的服务。

(5)**安装激活电子标签**：注册后首次将电子标签安装至车辆并激活的服务。

2.3.2 用户卡业务

(1)**卡挂失**：为客户办理用户卡遗失登记的服务。
(2)**卡解挂**：为客户办理用户卡解除挂失状态的服务。
(3)**补卡**：为客户办理用户卡补遗的服务。
(4)**换卡**：为客户办理用户卡更换的服务。
(5)**卡续期**：为客户办理用户卡有效期延期的服务。
(6)**卡挂起**：为客户办理暂停用户卡使用的服务。
(7)**卡解除挂起**：为客户暂停使用的用户卡办理恢复使用的服务。
(8)**卡注销**：为客户办理用户卡注销登记的服务。

2.3.3 电子标签业务

(1)**重新安装激活电子标签**：再次将电子标签安装至车辆并激活的服务。
(2)**标签挂失**：为客户办理电子标签遗失登记的服务。
(3)**标签解挂**：为客户办理电子标签解除挂失状态的服务。
(4)**标签补办**：为客户办理电子标签补遗的服务。
(5)**标签更换**：为客户办理电子标签更换的服务。
(6)**标签维修**：为客户办理电子标签损坏后修复的服务。
(7)**标签续期**：为客户办理电子标签有效期延期的服务。
(8)**标签挂起**：为客户办理电子标签暂停使用的服务。
(9)**标签解除挂起**：为客户暂停使用的电子标签办理恢复使用的服务。
(10)**标签过户**：为客户办理电子标签迁移至另一用户账户下的服务。
(11)**标签注销**：为客户办理电子标签注销登记的服务。

2.3.4 资金业务

(1)**充值**：为客户卡账户进行资金写入的服务。
(2)**圈存**：为客户将卡账户资金信息写入储值卡内电子钱包的服务。
(3)**退费**：客户在使用非现金支付方式(包含ETC)进行正常消费时，发生的交易金额与实际金额存在差异而退还部分差额车辆通行费的服务。
(4)**补卡额**：客户储值卡内电子钱包已扣款，但卡账户未扣款，为客户补足卡内电子钱包金额的服务。
(5)**补交**：客户在使用非现金支付方式(包含ETC)进行正常消费时，发生的消费金额与实际存在差异而补交部分差额车辆通行费的服务。
(6)**清账**：为客户办理卡账户资金清算的服务。

（7）清户：为客户办理用户账户资金清算的服务。

（8）退款：将卡账户余额或用户账户余额退还的服务。

2.3.5　信息业务

（1）**信息变更**：为客户将变更的信息录入系统并将相关信息写入用户卡、电子标签的服务。

（2）**密码重置**：为客户办理重新设置密码的服务。

（3）**查询**：为客户提供业务信息查询的服务。

（4）**咨询**：为客户提供业务信息咨询的服务。

（5）**投诉处理**：接受客户投诉并给予处理回复的服务。

2.3.6　账户业务

销户：为客户办理用户账户注销的服务。

2.3.7　应用服务

收费公路通行服务：为客户提供收费公路通行缴费服务。

3 一般规定

3.1 服务参与方职责

3.1.1 省级联网结算管理机构（以下简称"省中心"）

负责省级 ETC 运营管理的主体，应对 ETC 客服运营情况做好监控和管理工作，主动开展巡查督导，修补业务流程和系统中存在的漏洞，加强对电子标签等 ETC 关键设备的质量管控，严格监控产品的回退、返修率。

3.1.2 省级 ETC 发行机构（以下简称"发行方"）

负责一定区域内 ETC 电子标签、用户卡的经营和管理的实体，是交通行业企业或以 ETC 为主营业务的行业专营机构。发行方是 ETC 客户服务的责任主体，负责 ETC 客户的发行及全周期服务。负责保存客户信息和业务资料，并应对自主销售（包括销售、赠予等）给客户、客服合作机构销售给客户的电子标签提供持续的售后服务或服务渠道。发行方应积极拓展客服网点、网站、客户联络中心、手机移动终端应用等客户服务渠道，快速高效地受理客户相关服务需求。根据需要可发展合作渠道，并规范和监督合作渠道的运营工作。

3.1.3 应用服务方

提供非现金支付场景应用服务的机构，应对运营情况做好监控、管理和维护工作，保障客户顺利使用非现金支付方式，按要求负责对客户投诉进行调查处理，并及时反馈受理方。应用服务方分为收费公路经营管理单位和拓展应用服务方。

3.1.4 客服合作机构

与发行方合作开展 ETC 客户服务业务的服务机构，提供 ETC 电子标签、用户卡发行和售后相关服务。发行方应与客服合作机构通过签订协议的形式，明确双方权责，并监督管理客服合作机构的业务，以保障客户服务的持续性。发行方应对客服合作机构的发行及服务能力进行科学评估和严格筛选，建立客服合作机构及其网点、业务人员的备案管理、培训考核、监督检查、准入退出等相关制度并严格执行，同时对客服合作机构采购客户设备工作提出明确的技术指标、质量及售后要求，并进行严格监管，确保设备质量。

3.2 业务办理资料

3.2.1 个人有效证件

有效期内的中华人民共和国居民身份证(含临时身份证)、港澳居民来往内地通行证、台湾居民来往大陆通行证、军官证、武警警察身份证、护照(限外籍人士)等。

3.2.2 单位有效证件

有效期内的统一社会信用代码证书、组织机构代码证、营业执照、事业单位法人证书、社会团体法人登记证书、律师事务所执业许可证、公司注册证书(限香港)、商业登记证书(限澳门)等,也包括加盖公章的单位有效证件复印件。

3.2.3 车辆有效证件

有效期内的机动车行驶证。

3.2.4 单位授权书

单位作为开户人授权指定经办人办理业务的证明材料,应注明授权单位名称、经办人姓名、经办业务名称等信息。单位授权书应由授权单位加盖公章后生效。

3.2.5 车辆授权书

车辆所有人授权他人(含个人和单位)作为开户人办理业务的证明材料,应注明授权人及被授权人姓名、授权业务名称等信息。车辆所有人为个人时,车辆授权书应由授权人本人签字生效;车辆所有人为单位时,车辆授权书应由授权单位加盖公章生效。

3.2.6 委托书

个人作为开户人委托他人代为办理业务的证明材料,应注明委托人及被委托人姓名、委托业务名称等信息。委托书应由委托人本人签字生效。

注:以上有效证件无特殊说明即为证件原件,客服网点通过复印、影印、扫描或拍照留存资料,并留存单位授权书、车辆授权书、委托书原件以及加盖公章的单位有效证件的复印件。

4 发行服务

4.1 总则

（1）发行服务为发行方负责制。发行方应对发行业务制定统一的流程和标准，各客服网点（含自营网点和合作机构网点）应准确、高效地执行，确保各客服网点服务的标准化、规范化。

（2）发行方应根据发行规则开发统一的发行系统，合作机构宜使用发行方的统一发行系统。使用单独发行系统的合作机构应实时调取发行方接口并将发行数据传给发行方。

（3）发行方应对通信链路、发行设备配置提出明确要求，合作机构应严格按照发行方要求配置，并提交发行方测试，通过后方可投入使用。

（4）合作机构应通过在线实时申请密钥的方式从发行方密钥系统中获取相应的密钥，并将发行信息、充值信息、变更信息等数据按照要求发送给发行方。合作机构不得代管 ETC 密钥。ETC 应用目录下的密钥文件必须严格按照部颁标准装载和使用。

（5）合作机构应按照与发行方的协议及附件的约定开展 ETC 业务，承担相应责任。

（6）发行方可通过系统权限限制合作机构发行的业务种类及内容，通过在线回传、多级审核车型资料等方式有效控制发行准确率。合作机构应定期将客户资料移交发行方，发行方宜做后台全量审核。

（7）经确认由合作机构造成"大车小标"而产生车辆通行费损失的，合作机构应先行垫付通行费并承担相应责任。

（8）发行服务内容及流程包括：
①开户：在发行方建立用户账户。
②车辆信息录入：在用户账户下添加车辆信息。
③开卡：建立用户卡账户并发行用户卡。
④注册电子标签：发行电子标签。
⑤安装激活电子标签：将电子标签安装至对应车辆并激活。

4.2 开户

4.2.1 业务渠道

线上开户渠道包含服务网站、移动终端应用等，线下开户渠道主要为客服网点。

4.2.2　业务流程

1）线上开户

（1）客户登录线上渠道服务平台，录入开户人相关信息并上传开户人有效证件等资料。

（2）客户同意接受服务条款并签署电子协议，向客户登记的联系方式发送验证信息。

（3）客户进行信息验证并提交开户申请，经实名验证后为客户开设用户账户，生成业务成功通知，并留存电子档案。

2）线下开户

（1）客户递交业务资料，提交开户申请，同意接受服务条款并签署用户协议。

（2）客服网点审核并读取身份证信息，将开户人相关信息录入系统并在系统中建立用户账户，同时将数据上传部联网中心。

（3）生成业务凭证，由客户进行确认，完成客户开户业务，留存档案资料。

4.2.3　业务资料

（1）开户人为个人客户时，开户人应亲自持本人有效证件到场办理；如需代办，需提供委托书、开户人有效证件、经办人有效证件等资料。

（2）开户人为单位客户时，经办人应持本人有效证件、加盖公章的开户人有效证件复印件或影印件以及单位授权书等资料到场办理。

4.2.4　业务说明

（1）开户采用实名制，用户账户所有业务对应开户人，非本人办理需授权。

（2）个人用户账户应关联客户唯一的证件号码，并生成唯一的客户编号，一个个人用户仅能在唯一的发行方开设一个用户账户；单位用户账户默认为一个用户账户，如需分设用户账户应进行二次授权。

（3）开户人为个人时，应录入开户人名称、开户人证件类型、开户人证件号、开户人电话、开户人地址等信息。

（4）开户人为单位时，应录入开户人名称、部门或分支机构名称、开户人证件类型、开户人证件号、开户人地址、指定经办人姓名、指定经办人证件类型、指定经办人证件号、指定经办人电话、单位开户行、单位开户地址、单位开户行账号、单位纳税人识别号、单位统一社会信用代码/组织机构代码证号等信息，其中部门或分支机构名称、单位开户行、单位开户地址、单位开户行账号、单位纳税人识别号为选填项。

（5）发行方办理开户业务时应将客户信息实时上传部联网中心，并应确保信息的完整、准确和传输及时。

（6）开户业务一般不单独办理，应在客户第一次办理开卡业务时一并办理。

(7)开户时应与客户签订协议,协议内容参照《客户协议模板》执行。

4.3 车辆信息录入

4.3.1 业务渠道

线上录入渠道包含服务网站、移动终端应用等,线下录入渠道主要为客服网点。

4.3.2 业务流程

1)线上录入

(1)客户登录线上渠道服务平台,在对应用户账户下录入车辆所有人信息、车辆信息等并上传车辆所有人有效证件、机动车行驶证等资料。

(2)数据上传部联网中心验证,确保车牌办理的唯一性。

(3)生成业务成功通知,并留存电子档案。

2)线下录入

(1)客户递交业务资料,提交信息录入申请。

(2)客服网点审核并读取客户身份证信息,将车辆信息录入对应用户账户下,同时将数据上传部联网中心验证,确保车牌办理的唯一性。

(3)客服网点复核信息,生成业务凭证由客户确认,完成信息录入业务,留存档案资料。

4.3.3 业务资料

(1)开户人为个人客户时,开户人应亲自持本人有效证件和机动车行驶证到场办理,车辆所有人与开户人不一致的还应提供车辆所有人有效证件、车辆授权书;如需代办,应提供委托书、开户人有效证件、经办人有效证件、机动车行驶证等资料。

(2)开户人为单位客户时,经办人应持本人有效证件、单位授权书、机动车行驶证等资料当场办理,车辆所有人与开户人不一致的还应提供车辆所有人有效证件、车辆授权书。

4.3.4 业务说明

(1)车辆信息包含车辆号码、车牌颜色、收费车型、车辆所有人名称、车辆所有人证件类型、所有人证件号码、所有人联系电话、所有人地址、指定联系人、车辆类型、车辆品牌型号、车辆识别代号、车辆发动机号、核定载人数、总质量、整备质量、核定载质量、外廓尺寸、准牵引总质量、车辆使用性质、注册日期、发证日期、档案编号、检验记录、车轮数、车轴数、轴距、轴型。

其中车辆使用性质、注册日期、发证日期、档案编号、检验记录、轴距、轴型为选填项。

（2）发行方应将车辆信息实时上传部联网中心，并确保信息的完整、准确和传输及时。

（3）车牌信息录入前发行方应确保车辆车牌未在黑名单中且未被锁定，车辆信息录入并上传后车牌信息（包括车牌号码、车牌颜色）将被占用，车牌占用有效期为10个工作日，应在占用有效期内完成开卡或注册电子标签业务，占用有效期内其他发行方或客服合作机构不得对同一车牌重复占用，有效期到期未开卡或未注册电子标签则自动解除车牌信息占用。

（4）车辆信息录入业务一般不单独办理，应在客户办理开卡或注册电子标签业务时一并办理。

（5）线上渠道不应办理非开户人所有车辆信息录入业务，车辆所有人与开户人不一致的车辆信息录入业务应在线下渠道办理。

4.4 开　　卡

4.4.1　业务渠道

线上开卡渠道包含服务网站、移动终端应用等，线下开卡渠道主要为客服网点。

4.4.2　业务流程

1）线上开卡

（1）客户登录线上渠道服务平台，选择待开卡的车辆信息提交开卡申请。

（2）为客户开设用户卡账户并将相关信息写入用户卡完成开卡业务，生成业务成功通知。

（3）将用户卡、协议、服务指南等资料邮寄给客户。

2）线下开卡

（1）客户递交业务资料，提交开卡申请。

（2）客服网点开设用户卡账户，将相关信息和有效期写入用户卡。

（3）客服网点复核写入信息的准确性，生成业务凭证由客户进行确认，完成用户卡开卡业务，留存档案资料。

4.4.3　业务资料

（1）开户人为个人客户时，原则上要求开户人亲自持本人有效证件到场办理；如需代办，需提供委托书、开户人有效证件、经办人有效证件等资料。

（2）开户人为单位客户时，需经办人提供本人有效证件、单位授权书等资料。

4.4.4 业务说明

(1)用户卡开卡时应开设对应的用户卡账户,卡账户状态分为正常、账户透支两种状态,开卡后卡账户状态为"正常"。

(2)用户卡开卡前,应对用户卡进行初始化发行,记账卡初始化发行写入电子钱包初始值应为2000万,有效期应为1900年1月1日。

(3)用户卡开卡写入信息包含身份标识、持卡人姓名、证件号码、证件类型、发行方标识、卡片类型、卡片版本号、卡片网络编号、用户卡内部编号、启用时间、到期时间、车牌号码、客户类型等。

(4)用户卡状态分为"正常""卡挂失""无卡挂起""有卡挂起""无卡注销""有卡注销"6种,开卡后用户卡状态为"正常"。

4.5 注册电子标签

4.5.1 业务渠道

线上注册电子标签渠道包含服务网站、移动终端应用等,线下注册电子标签渠道主要为客服网点。

4.5.2 业务流程

1)线上注册

(1)客户登录线上渠道服务平台,选择待注册电子标签的车辆信息,提交注册电子标签申请并支付相关费用。

(2)审核通过后为客户将车辆信息写入电子标签,完成注册电子标签业务,生成业务成功通知。

(3)将电子标签、服务指南等资料邮寄给客户。

2)线下注册

(1)客户递交业务资料,提交注册电子标签申请。

(2)客服网点检查待注册电子标签车辆具备的安装使用条件。

(3)客服网点收取相关费用并将车辆信息写入电子标签。

(4)客服网点复核写入信息的准确性,生成业务凭证由客户进行确认,完成注册电子标签业务,留存档案资料。

4.5.3 业务资料

（1）开户人为个人客户时，原则上要求开户人亲自持本人有效证件到场办理；如需代办，需提供委托书、开户人有效证件、经办人有效证件等资料。

（2）开户人为单位客户时，需经办人提供本人有效证件、单位授权书等资料。

4.5.4 业务说明

（1）电子标签状态分为正常、标签挂失、无签挂起、有签挂起、无签注销、有签注销、维修中、已过户 8 种。

（2）注册电子标签前，应对电子标签进行初始化发行，有效期应为 1900 年 1 月 1 日。

（3）注册电子标签写入信息包含车牌号码、车牌颜色、车型、车辆客户类型、车辆尺寸、车轮数、车轴数、轴距、车辆载重/座位数、车辆发动机号、车辆品牌，注册成功后电子标签状态为"正常"。

4.6 安装激活电子标签

4.6.1 业务渠道

安装激活电子标签业务需通过线下渠道客服网点完成，客户前往客服网点现场或授权服务人员上门完成电子标签安装激活操作。

4.6.2 业务流程

（1）用户提交行驶证，服务人员拍照留存，核对行驶证信息、待安装车辆信息与电子标签内信息是否一致，确认无误后方可准备安装，同时检测用户卡与电子标签接触后电子标签显示是否正常。

（2）根据不同车型与车类，选择具体电子标签安装位置。一般中小型车安装在风挡玻璃内侧中上部，后视镜附近位置；大型车安装在风挡玻璃中下部，不应遮挡驾驶员视线。

（3）根据下列方法检测待安装车辆车玻璃及车膜是否满足安装要求：

①车辆车玻璃不能受损，对车辆已受损玻璃不建议安装电子标签；

②如遇因车玻璃、车膜材质等原因造成无法安装电子标签，由客户进行相应处理，待符合安装条件后，再安装电子标签。

（4）安装人员对选定的电子标签安装位置进行清洁，确保安装位置表面平滑、洁净、干爽，电子标签不应安装在车膜边缘。

（5）揭开电子标签背面双面胶保护纸，将电子标签贴到风挡玻璃上的安装位置，均匀加力按压，去除粘胶与玻璃间多余气泡，防止脱落。

（6）电子标签安装到位后，将用户卡插入电子标签内。

（7）对车辆外观（完整体现车辆正面、单侧车身等）、座位数、车牌等部分进行拍照，上传相关数据后对电子标签进行激活。

（8）安装激活完成后请客户验收确认。

4.6.3 业务说明

（1）电子标签安装激活记录应上传至系统进行信息比对并留存备查。在注册、安装、激活、档案核对、后台数据核查等各环节增加审核机制，如车辆影像资料用于后期稽查审核、拍照内容应体现车内实际座位数等，必要时应通过公安交管系统进行车辆信息确认。

（2）安装激活电子标签需确认电子标签状态为"正常"，且无车型、车牌号码、车牌颜色不符情况。

5
售后服务

5.1 总　　则

(1) 售后服务为发行方负责制,发行方自营网点应具备全业务售后服务能力,合作机构网点提供的售后服务内容及时效应根据发行方与合作机构的合作协议约定执行。

(2) 售后服务模式:

模式一:合作机构只负责首次发行安装,售后服务由发行方负责。

模式二:合作机构负责产品全生命周期服务,发行方向合作机构收取服务保证金。

模式三:合作机构代理发行方售后服务。

(3) 售后服务内容:

①用户卡业务:卡挂失、卡解挂、补卡、换卡、卡续期、卡挂起、卡解除挂起。

②电子标签业务:重新安装激活电子标签、标签挂失、标签解挂、标签补办、标签更换、标签续期、标签挂起、标签解除挂起、标签过户。

③资金业务:充值、圈存、退费、补卡额、补交、清账、清户、退款。

④信息业务:客户信息变更、车辆信息变更、密码重置、查询、咨询、投诉处理。

(4) 发行方应严格制定统一的服务流程、服务标准、服务标识,合作机构应严格遵照执行。

(5) 客服合作机构的客户联络中心、客服网点、客服网站、线上服务平台等渠道应提供业务咨询、投诉受理等售后服务。发行方与合作机构根据协议约定及业务分工,以客户利益优先为原则,及时高效地受理、处理客户投诉,执行首问责任制,不推诿、不敷衍,保证信息传递及时畅通。

5.2 用户卡业务

5.2.1 卡挂失

5.2.1.1 业务渠道

线上挂失渠道包含服务网站、移动终端应用等,线下挂失渠道包含客服网点、客户联络中心等。

5.2.1.2 业务流程

1) 线上挂失

(1) 客户登录线上渠道服务平台,选择待挂失的用户卡并确认卡状态,向客户预留的联系方式发送验证码。

(2) 客户进行信息验证后提交挂失申请,完成挂失操作。

(3)系统生成业务成功通知,向客户预留的联系方式发送挂失提示信息。

2)网点挂失

(1)客户递交业务资料,客服网点审核并读取身份证信息,核实待挂失的用户卡状态。

(2)客户提交挂失申请,客服网点生成业务凭证由客户进行确认,留存档案资料。

3)客户联络中心挂失

(1)客户输入用户卡号、身份证号、预留电话等信息并验证客户姓名、车牌号码,与系统信息进行核对一致后通过验证。

(2)客户联络中心核实待挂失的用户卡状态,客户提交挂失申请后完成挂失操作。

(3)系统生成业务成功通知,向客户预留的联系方式发送挂失提示信息。

5.2.1.3 业务资料

(1)开户人为个人客户时,原则上要求开户人亲自持本人有效证件到场办理;如需代办,需提供委托书、开户人有效证件、经办人有效证件等资料。

(2)开户人为单位客户时,需经办人提供本人有效证件、单位授权书等资料。

5.2.1.4 业务说明

(1)车型不符的客户办理卡挂失业务应先变更车辆信息并补交通行费。

(2)账户透支的客户办理卡挂失业务应先补足账户透支金额。

(3)用户卡状态为"正常""无卡挂起""有卡挂起"的可以办理卡挂失业务。

(4)已挂失的用户卡应列入"卡挂失"黑名单中,用户卡对应状态变为"卡挂失",车牌占用情况与办理挂失业务前相同。

(5)客户未携带或缺少有效证件时,可告知卡号或车牌后通过验证用户卡密码的方式办理挂失业务。

5.2.2 卡解挂

5.2.2.1 业务渠道

解挂业务宜通过线下客服网点等渠道办理。

5.2.2.2 业务流程

(1)客户递交业务资料,客服网点审核并读取身份证信息,读取待解挂的用户卡核实状态。

(2)客户提交解挂申请,客服网点生成业务凭证由客户进行确认,留存档案资料。

5.2.2.3 业务资料

(1)开户人为个人客户时,原则上要求开户人亲自持卡和本人有效证件到场办理;如需代办,需提供委托书、开户人有效证件、经办人有效证件等资料。

(2)开户人为单位客户时,需经办人提供卡和本人有效证件、单位授权书等资料。

5.2.2.4 业务说明

(1)车型不符的客户办理卡解挂业务应先变更车辆信息并补交通行费。

(2)账户透支的客户办理卡解挂业务应先补足账户透支金额。

(3)用户卡状态为"卡挂失"的可以办理卡解挂业务。

(4)已解挂的用户卡应解除黑名单,用户卡对应状态变为"正常",如卡内无车辆信息且用户账户内无可开卡车辆信息,解挂后需立即办理主动挂起业务。

(5)客户未携带或缺少有效证件时,可读取卡号并通过验证用户卡密码的方式办理解挂业务。

(6)为保证解挂业务的准确性,客服网点解挂前应验证客户证件与待解挂用户卡是否对应,现阶段不宜提供线上渠道办理解挂业务。

5.2.3 补卡

5.2.3.1 业务渠道

线上补卡渠道包含服务网站、移动终端应用等,线下补卡渠道主要为客服网点。

5.2.3.2 业务流程

1)线上补卡

(1)客户登录线上渠道服务平台,选择已挂失的用户卡并确认状态。

(2)客户通过原用户卡客户信息或交易信息验证后提交补卡申请,系统向客户登记的联系方式发送验证信息。

(3)客户通过验证并缴纳补卡业务相关费用后完成补卡申请操作,系统生成业务成功通知。

(4)核对客户补卡申请信息后进行用户卡补卡,通过邮寄方式将用户卡移交客户。

2)线下补卡

(1)客户递交业务资料,客服网点审核并读取身份证信息,核实待补卡的用户卡状态。

(2)客户提交补卡申请,客服网点生成业务凭证由客户进行确认,留存档案资料。

(3)客服网点收取补卡业务相关费用。

(4)客服网点建立新卡卡账户并写卡,完成补卡业务。

5.2.3.3 业务资料

(1)开户人为个人客户时,原则上要求开户人亲自持本人有效证件到场办理;如需代办,需提供委托书、开户人有效证件、经办人有效证件等资料。

(2)开户人为单位客户时,需经办人提供本人有效证件、单位授权书等资料。

5.2.3.4 业务说明

(1)车型不符的客户办理补卡业务应先变更车辆信息并补交通行费。

(2)账户透支的客户办理补卡业务应先补足账户透支金额。

(3)用户卡状态为"卡挂失"的可以办理补卡业务。

(4)补卡业务办理后,新卡状态为"正常",原卡状态变为"无卡注销",原卡黑名单类型变为"无卡注销",不能办理解挂业务。

（5）挂失后即可办理补卡业务，挂失生效当日起31个自然日后方可进行原用户卡余额转存至新卡操作。对原卡进行余额转存时，需核对挂失业务办理日期并确认转存金额是否准确。

（6）补卡需设置用户卡密码，除卡号外用户卡信息应与原卡一致。

（7）线上补卡完成寄出时间不宜长于1个工作日。

5.2.4 换卡

5.2.4.1 业务渠道

线上换卡渠道包含服务网站、移动终端应用等，线下换卡渠道主要为客服网点。

5.2.4.2 业务流程

1）线上换卡

（1）客户登录线上渠道服务平台，选择待更换的用户卡并确认状态。

（2）客户将待更换卡片邮寄至发行方指定地址并登记运单号等邮寄信息，提交更换申请后系统向客户登记的联系方式发送验证信息。

（3）客户通过验证并缴纳换卡业务相关费用后完成换卡申请操作，系统生成业务成功通知。

（4）发行方核对客户换卡申请信息后进行用户卡更换发行，通过邮寄方式将用户卡移交客户。

2）线下换卡

（1）客户递交业务资料，客服网点审核并读取身份证信息，核实待换卡的用户卡状态并收回原卡。

（2）客服网点生成业务凭证由客户进行确认，留存档案资料。

（3）客服网点判定有偿/无偿换卡，收取有偿换卡相关费用。

（4）客服网点建立新卡卡账户并写卡，完成换卡业务。

5.2.4.3 业务资料

（1）开户人为个人客户时，原则上要求开户人亲自持卡和本人有效证件到场办理；如需代办，需提供委托书、开户人有效证件、经办人有效证件等资料。

（2）开户人为单位客户时，需经办人提供卡和本人有效证件、单位授权书等资料。

5.2.4.4 业务说明

（1）车型不符的客户办理换卡业务应先变更车辆信息并补交通行费。

（2）账户透支的客户办理换卡业务应先补足账户透支金额。

（3）用户卡状态为"正常""有卡挂起"的客户可以办理换卡业务。

（4）换卡业务办理后，新卡状态为"正常"，原卡状态变为"有卡注销"。

（5）为确保用户卡账一致，换卡业务余额转存时无论原卡内是否可读取余额，均需自换卡业务办理31个自然日后进行原卡余额转存至新卡操作。

（6）客户未携带或缺少有效证件时，可通过验证用户卡密码的方式办理换卡业务。如无法对原卡信息进行确认,应按挂失、补卡业务办理。

(7)原卡应收回,有效期修改为1900年1月1日,并做废卡处理,不应下发黑名单。

5.2.5 卡续期

5.2.5.1 业务渠道

线上续期渠道包含服务网站、移动终端应用等,线下续期渠道包含客服网点、自助服务终端等。

5.2.5.2 业务流程

1)线上续期

(1)客户登录线上渠道服务平台,进入续期界面。

(2)读取待续期的用户卡,提交续期申请。

(3)系统校验用户卡符合续期条件后,客服通过相关介质将有效期写入用户卡。

(4)系统向客户登记的联系方式发送续期成功提示信息,完成续期业务。

2)线下续期

(1)客户携带用户卡前往客服网点,服务人员读取用户卡进行校验。

(2)客户提交续期申请,客服网点核实用户卡符合续期条件。

(3)客服网点生成业务凭证由客户进行确认。

(4)客服网点将有效期写入用户卡,完成续期业务。

5.2.5.3 业务说明

(1)车型不符的客户办理续期业务应先变更车辆信息并补交通行费。

(2)账户透支的客户办理续期业务应先补足账户透支金额。

(3)用户卡状态为"正常"的客户可以办理卡续期业务,其余卡状态下应先行通过其他业务办理将卡状态恢复正常后再办理续期。

(4)用户卡有效期最长为10年,续期后用户卡有效期应更改为续期业务办理时间起10年内。

(5)用户卡有效期到期前1年内或过期后可办理续期业务,读卡业务时可自动续期。

(6)卡状态中不体现用户卡是否在有效期内,而是单独体现在用户卡信息中。

5.2.6 卡挂起

5.2.6.1 业务渠道

挂起业务宜通过线下客服网点办理。

5.2.6.2 业务流程

1) 被动挂起

（1）客户递交业务资料，客服网点审核并读取身份证信息，核实用户卡状态并确认业务办理人对办理车辆有处置权。

（2）客户提交被动挂起申请，客服网点生成业务凭证由客户进行确认，留存档案资料。

2) 主动挂起

（1）客户递交业务资料，客服网点审核并读取身份证信息，核实用户卡状态。

（2）客户提交主动挂起申请，客服网点生成业务凭证由客户进行确认，留存档案资料。

5.2.6.3 业务资料

1) 被动挂起

（1）车辆所有人为个人客户时，原则上要求车辆所有人亲自持本人有效证件到场办理；如需代办，需提供委托书、车辆授权书、机动车行驶证、车辆所有人有效证件、经办人有效证件等资料。

（2）车辆所有人为单位客户时，需经办人提供本人有效证件、车辆授权书、单位授权书、机动车行驶证件等资料。

2) 主动挂起

（1）开户人为个人客户时，原则上要求开户人亲自持卡和本人有效证件到场办理；如需代办，需提供委托书、开户人有效证件、经办人有效证件等资料。

（2）开户人为单位客户时，需经办人提供卡和本人有效证件、单位授权书等资料。

5.2.6.4 业务说明

（1）被动挂起是指车牌号已在 ETC 系统中被占用时，车牌号所有者可凭机动车行驶证证明车牌号所有权，申请对车牌占用者的用户卡进行挂起操作，车牌号所有者可办理新用户卡。

（2）主动挂起是指客户发生车辆变卖、报废等情况时，对用户卡申请停用的行为。

（3）车型不符的客户办理主动挂起业务应先变更车辆信息并补交通行费。

（4）账户透支的客户办理主动挂起业务应先补足账户透支金额。

（5）被动挂起业务不受当前状态限制，仅提供给原开户人以外的他人申请，即原开户人与车辆所有人相同不应办理被动挂起业务。被动挂起办理后，用户卡状态应变为"无卡挂起"并应列入黑名单中，黑名单类型为"无卡挂起"，解除车牌信息占用。

（6）用户卡状态为"正常""无卡挂起"的客户可以办理用户卡主动挂起业务。主动挂起办理后，用户卡状态应变为"有卡挂起"，用户卡有效期修改为 1900 年 1 月 1 日，不列入黑名单中，解除车牌信息占用。

（7）如涉及跨省被动挂起，受理业务的发行方应收集并审核客户资料后通过跨省业务协调机制向原发行方申请办理被动挂起业务，原发行方复审客户资料并核对系统信息后按流程办理被动挂起。

5.2.7 卡挂起解除

5.2.7.1 业务渠道

挂起解除业务宜通过线下客服网点办理。

5.2.7.2 业务流程

(1)客户递交业务资料,客服网点审核并读取身份证信息,读取用户卡并核实状态。

(2)客户提交挂起解除申请,客服网点生成业务凭证由客户进行确认,留存档案资料。

(3)客服网点将系统内未开卡车辆信息写入用户卡,完成挂起解除业务。

5.2.7.3 业务资料

(1)开户人为个人客户时,原则上要求开户人亲自持卡和本人有效证件到场办理;如需代办,需提供委托书、开户人有效证件、经办人有效证件等资料。

(2)开户人为单位客户时,需经办人提供卡和本人有效证件、单位授权书等资料。

5.2.7.4 业务说明

(1)车型不符的客户办理卡挂起解除业务应先变更车辆信息并补交通行费。

(2)账户透支的客户办理卡挂起解除业务应先补足账户透支金额。

(3)用户卡状态为"无卡挂起""有卡挂起"的客户可以办理卡挂起解除业务。

(4)挂起解除的用户卡状态应变为"正常",占用车牌信息。主动挂起解除应将用户卡有效期更改为当日起10年内,被动挂起解除应将用户卡从黑名单中删除。

5.3 电子标签业务

5.3.1 重新安装激活电子标签

5.3.1.1 业务渠道

重新安装激活电子标签业务宜通过线下客服网点渠道办理,服务人员对客户有效证件、车牌号码及车牌颜色进行审核后办理重新安装激活电子标签业务。

5.3.1.2 业务流程

(1)用户提交行驶证,服务人员拍照留存,核对行驶证信息、待安装车辆信息与电子标签内信息是否一致,确认无误后方可准备安装,同时检测用户卡与电子标签接触后电子标签显示是否正常。

(2)参照安装激活电子标签业务流程执行。

(3)安装激活完成后请客户验收确认。

5.3.1.3 业务说明

电子标签重新安装激活记录留存要求同首次安装激活,应留有记录备查。

5.3.2 标签挂失

5.3.2.1 业务渠道

线上挂失渠道包含服务网站、移动终端应用等,线下挂失渠道包含客服网点、客户联络中心等。

5.3.2.2 业务流程

1)线上挂失

(1)客户登录线上渠道服务平台,选择待挂失的电子标签并确认标签状态。

(2)客户确认提交挂失申请后完成挂失操作。

(3)系统生成业务成功通知,向客户预留的联系方式发送挂失提示信息。

2)线下挂失

(1)客户递交业务资料,客服网点审核并读取身份证信息,核实待挂失的电子标签状态。

(2)客户提交挂失申请,客服网点生成业务凭证由客户进行确认,留存档案资料。

5.3.2.3 业务资料

(1)开户人为个人客户时,原则上要求开户人亲自持本人有效证件到场办理;如需代办,需提供委托书、开户人有效证件、经办人有效证件等资料。

(2)开户人为单位客户时,需经办人提供本人有效证件、单位授权书等资料。

5.3.2.4 业务说明

(1)车型不符的客户办理标签挂失业务应先变更车辆信息并补交通行费。

(2)账户透支的客户办理标签挂失业务应先补足账户透支金额。

(3)电子标签状态为"正常""无签挂起""有签挂起"的可以办理标签挂失业务。

(4)已挂失的电子标签应列入"标签挂失"黑名单中,电子标签对应状态变为"标签挂失",车牌占用情况与挂失业务前相同。

5.3.3 标签解挂

5.3.3.1 业务渠道

解挂业务宜通过线下客服网点渠道办理。

5.3.3.2 业务流程

(1)客户递交业务资料,客服网点审核并读取身份证信息,读取标签信息核实待解挂的电子标签状态。

（2）客户提交解挂申请，客服网点生成业务凭证由客户进行确认，留存档案资料。

5.3.3.3 业务资料

（1）开户人为个人客户时，原则上要求开户人亲自持标签和本人有效证件到场办理；如需代办，需提供委托书、开户人有效证件、经办人有效证件等资料。

（2）开户人为单位客户时，需经办人提供标签和本人有效证件、单位授权书等资料。

5.3.3.4 业务说明

（1）车型不符的客户办理标签解挂业务应先变更车辆信息并补交通行费。

（2）账户透支的客户办理标签解挂业务应先补足账户透支金额。

（3）电子标签状态为"标签挂失"的客户可以办理电子标签解挂业务。

（4）已解挂的电子标签应解除黑名单，电子标签对应状态变为挂失前状态，车牌占用情况与解挂业务前相同。

（5）为保证解挂业务准确，客服网点解挂前应确认客户证件与待解挂电子标签对应，现阶段不宜采用线上渠道办理解挂业务。

5.3.4 标签补办

5.3.4.1 业务渠道

线上补签渠道包含服务网站、移动终端应用等，线下补签渠道主要为客服网点。

5.3.4.2 业务流程

1）线上补签

（1）客户登录线上渠道服务平台，选择已挂失的电子标签并核实标签状态。

（2）客户通过原电子标签客户信息验证后提交补签申请，系统向客户登记的联系方式发送验证信息。

（3）客户通过验证并缴纳补签业务相关费用后完成原签注销和补签申请操作，系统生成业务成功通知。

（4）核对客户补签申请信息后进行电子标签补办，通过邮寄方式将电子标签移交客户。

2）线下补签

（1）客户递交业务资料，客服网点审核并读取身份证信息，核实原电子标签状态。

（2）客户提交补签申请，客服网点生成业务凭证由客户进行确认，留存档案资料。

（3）客服网点收取补签业务相关费用。

（4）客服网点对原签注销并准确录入信息完成标签补办。

5.3.4.3 业务资料

（1）开户人为个人客户时，原则上要求开户人亲自持本人有效证件到场办理；如需代办，需提供委托书、开户人有效证件、经办人有效证件等资料。

（2）开户人为单位客户时，需经办人提供本人有效证件、单位授权书等资料。

5.3.4.4　业务说明

（1）车型不符的客户办理标签补办业务应先变更车辆信息并补交通行费。
（2）账户透支的客户办理标签补办业务应先补足账户透支金额。
（3）电子标签状态为"标签挂失"的客户可以办理标签补办业务。
（4）标签补办后，新标签状态为"正常"，原标签状态变为"无签注销"，原标签黑名单类型变为"无签注销"，不能办理解挂业务。
（5）除标签编号外，电子标签补办后的标签内信息应与原标签信息完全一致。
（6）线上补签完成寄出时间不宜超过1个工作日。

5.3.5　标签更换

5.3.5.1　业务渠道

线上更换渠道包含服务网站、移动终端应用等，线下更换渠道主要为客服网点。

5.3.5.2　业务流程

1）线上更换

（1）客户登录线上渠道服务平台，选择待更换的电子标签并确认状态。
（2）客户将待更换电子标签邮寄至发行方指定地址并登记运单号等邮寄信息，提交更换申请后，系统向客户登记的联系方式发送验证信息。
（3）客户通过验证并缴纳更换标签相关费用后完成更换申请操作，系统生成业务成功通知。
（4）核对客户更换申请信息后进行电子标签更换发行，通过邮寄方式将电子标签移交客户。

2）线下更换

（1）客户递交业务资料，客服网点审核并读取身份证信息，留存档案资料。
（2）客户提交更换申请，客服网点核实待更换电子标签的状态并回收。
（3）客服网点生成业务凭证由客户进行确认。
（4）客服网点判定有偿/无偿更换，收取有偿更换相关费用。
（5）客服网点准确录入信息，完成更换发行和安装激活。

5.3.5.3　业务资料

电子标签更换业务仅需提供机动车行驶证及经办人有效证件。

5.3.5.4　业务说明

（1）车型不符的客户办理标签更换业务应先变更车辆信息并补交通行费。
（2）账户透支的客户办理标签更换业务应先补足账户透支金额。
（3）电子标签状态为"正常""有签挂起"的客户可以办理标签更换业务。
（4）更换业务办理后，新电子标签状态为"正常"，原电子标签状态变为"有签注销"。

(5)更换的原标签应做好回收登记,有效期修改为1900年1月1日,不应下发黑名单。

(6)若发生无法对原电子标签信息进行确认的情况,应按电子标签挂失、补办流程办理相关业务。

5.3.6 标签续期

5.3.6.1 业务渠道

线上续期渠道包含服务网站、移动终端应用等,线下续期渠道包含客服网点、自助服务终端等。

5.3.6.2 业务流程

1)线上续期

(1)客户登录线上渠道服务平台,选择待续期的电子标签提交续期申请。

(2)系统校验电子标签符合续期条件,客户通过相关介质将有效期写入电子标签。

(3)系统向客户登记的联系方式发送续期成功提示信息,完成续期业务。

2)线下续期

(1)客户携带电子标签前往客服网点提交续期申请,客服网点读取电子标签核实状态。

(2)客服网点生成业务凭证由客户进行确认。

(3)客服网点将有效期写入电子标签完成续期业务。

5.3.6.3 业务说明

(1)车型不符的客户办理续期业务应先变更车辆信息并补交通行费。

(2)账户透支的客户办理续期业务应先补足账户透支金额。

(3)电子标签状态为"正常"的客户可以办理电子标签续期业务,其余标签状态的客户应先行办理其他业务将标签状态恢复正常后再办理续期。

(4)电子标签有效期最长不超过10年,续期后电子标签有效期应更改为续期业务办理时间起10年内。

(5)电子标签有效期到期前1年内或过期后可办理续期业务,读取标签信息时可自动续期,生成业务凭证由客户确认。

(6)标签状态中不体现电子标签有效期,而是单独体现在电子标签信息中。

5.3.7 标签挂起

5.3.7.1 业务渠道

挂起业务宜通过线下客服网点办理。

5.3.7.2 业务流程

1）被动挂起

（1）客户递交业务资料,客服网点审核并读取身份证信息,核实电子标签状态并确定业务办理人对办理车辆有处置权。

（2）客户提交挂起申请,客服网点生成业务凭证由客户进行确认,留存档案资料。

2）主动挂起

（1）客户递交业务资料,客服网点审核并读取身份证信息,读取电子标签信息核实状态。

（2）客户提交主动挂起申请,客服网点生成业务凭证由客户进行确认,留存档案资料。

5.3.7.3 业务资料

1）被动挂起

（1）车辆所有人为个人客户时,原则上要求车辆所有人亲自持本人有效证件到场办理;如需代办,需提供委托书、车辆授权书、机动车行驶证、车辆所有人有效证件、经办人有效证件等资料。

（2）车辆所有人为单位客户时,需经办人提供本人有效证件、车辆授权书、单位授权书、机动车行驶证件等资料。

2）主动挂起

（1）开户人为个人客户时,原则上要求开户人亲自持标签和本人有效证件到场办理;如需代办,需提供委托书、开户人有效证件、经办人有效证件等资料。

（2）开户人为单位客户时,需经办人提供标签和本人有效证件、单位授权书等资料。

5.3.7.4 业务说明

（1）被动挂起是指车牌号已在ETC系统中被占用时,车牌号所有者可凭机动车行驶证证明车牌号所有权,申请对车牌占用者的电子标签进行挂起操作,车牌号所有者可办理新电子标签。

（2）主动挂起是指客户发生车辆变卖、报废等情况,对电子标签申请停用的行为。

（3）车型不符的客户办理主动挂起业务应先变更车辆信息并补交通行费。

（4）账户透支的客户办理主动挂起业务应先补足账户透支金额。

（5）被动挂起业务不受当前状态限制,仅提供给原开户人以外的他人申请,即原开户人与车辆所有人相同时不应办理被动挂起业务。被动挂起办理后,电子标签状态变为"无签挂起"并应列入黑名单中,黑名单类型为"无签挂起",解除车牌信息占用。

（6）电子标签状态为"正常""无签挂起"的客户可以办理主动挂起。业务主动挂起办理后,电子标签状态应变为"有签挂起",有效期修改为1900年1月1日,不列入黑名单中,解除车牌信息占用。

（7）如涉及跨省被动挂起,受理业务的发行方应收集并审核客户资料后通过跨省业务协调机制向原发行方申请办理被动挂起业务,原发行方复审客户资料并核对系统信息后按流程办理被动挂起。

5.3.8 标签挂起解除

5.3.8.1 业务渠道

挂起解除业务宜通过线下客服网点办理。

5.3.8.2 业务流程

(1)客户递交业务资料,客服网点审核并读取身份证信息,留存档案资料。
(2)客户提交挂起解除申请,客服网点读取电子标签核实状态。
(3)客服网点生成业务凭证由客户进行确认。
(4)客服网点将系统内未注册电子标签车辆信息写入电子标签,完成挂起解除业务。

5.3.8.3 业务资料

(1)开户人为个人客户时,原则上要求开户人亲自持标签和本人有效证件到场办理;如需代办,需提供委托书、开户人有效证件、经办人有效证件等资料。
(2)开户人为单位客户时,需经办人提供标签和本人有效证件、单位授权书等资料。

5.3.8.4 业务说明

(1)车型不符的客户办理挂起解除业务应先变更车辆信息并补交通行费。
(2)账户透支的客户办理挂起解除业务应先补足账户透支金额。
(3)电子标签的业务状态为"无签挂起""有签挂起"且无车型不符情况的客户可以办理挂起解除业务。
(4)挂起解除的电子标签状态应变为"正常",占用车牌信息。主动挂起解除应将电子标签有效期更改为当日起10年内,被动挂起解除应将电子标签从黑名单中删除。

5.3.9 标签过户

5.3.9.1 业务渠道

过户业务宜通过线下客服网点渠道办理。

5.3.9.2 业务流程

(1)客户递交业务资料,客服网点审核并读取身份证信息,确认新开户人账户状态。
(2)客户过户双方确认提交过户申请,客服网点生成业务凭证由双方客户进行确认并签订相关协议,留存档案资料。
(3)客服网点完成电子标签过户业务,按规定流程进行电子标签安装激活。

5.3.9.3 业务资料

(1)双方开户人为个人客户时,原则上要求双方开户人持本人有效证件并携带电子标签到场办理;如需代办,需提供委托书、双方开户人有效证件、经办人有效证件等资料。
(2)双方开户人为单位客户时,需经办人提供电子标签和本人有效证件、双方单位授权书等资料。

(3) 原开户人为个人且新开户人为单位时,原则上要求原开户人持本人有效证件、单位授权书并携带电子标签到场办理;如需代办,需提供委托书、原开户人有效证件、经办人有效证件、单位授权书等资料。

(4) 原开户人为单位且新开户人为个人时,原则上要求新开户人持本人有效证件、单位授权书并携带标签到场办理;如需代办,需提供委托书、新开户人有效证件、经办人有效证件、单位授权书等资料。

5.3.9.4 业务说明

(1) 过户业务新客户车辆信息应无对应电子标签且默认已开户,未开户按开户流程办理并录入车辆信息。

(2) 电子标签过户后原账户对应的电子标签状态为"已过户",新账户对应电子标签状态为"正常"。

5.4 资金业务

5.4.1 充值

5.4.1.1 业务渠道

线上充值渠道包含服务网站、移动终端应用等,线下充值渠道包含客服网点、自助服务终端等。

5.4.1.2 业务流程

1) 自助充值

(1) 客户按提示进入充值界面,客户选择待充值的用户卡账户,校验卡账户状态。

(2) 客户输入充值金额并选定相应的支付方式。

(3) 提示支付成功,生成充值凭证,完成用户卡账户充值。

2) 人工充值

(1) 客服网点登录系统进入用户卡充值界面,选取卡账户并核实卡状态。

(2) 收取客户充值资金,输入充值金额并选择对应充值支付方式。

(3) 生成充值凭证,完成用户卡账户充值。

5.4.1.3 业务说明

(1) 充值支付方式包括但不限于现金、刷卡、支票、汇款或其他金融通道支付。

(2) 充值提示失败时,如客户金融账户未发生扣款或客户资金被退回客户金融账户,则重复进行充值操作。

(3) 充值提示失败时,如客户金融账户确认已发生扣款,且客户资金处于金融结算通道未划至发行方总账户,则应将客户资金退回至客户金融账户。

(4)充值提示失败时,如客户资金处于发行方总账户未分配用户卡账户,则应由发行方将客户资金分配至用户卡账户并生成圈存指令。

5.4.2 圈存

5.4.2.1 业务渠道

圈存业务宜通过线下渠道完成,圈存渠道包含客服网点、自助服务终端、写卡介质(如圈存读写器、蓝牙盒子、NFC)等,客服网点确认卡账户充值成功后将资金信息写入对应用户卡的电子钱包,客户通过自助服务终端或写卡介质自助完成圈存业务。

5.4.2.2 业务流程

1)自助圈存

(1)客户按提示进入圈存功能界面。

(2)客户放置用户卡在正确的圈存位置,读取用户卡信息,系统验证用户卡状态及对应卡账户信息的正确性、合法性等。

(3)系统验证通过后对用户卡电子钱包进行资金信息写入。

(4)圈存成功后生成圈存业务成功通知,完成圈存业务。

2)人工圈存

(1)登录网点客服系统并进入到用户卡圈存界面。

(2)读取待圈存用户卡信息并选取对应账户,系统验证用户卡状态及对应卡账户信息的正确性、合法性等。

(3)系统验证通过后对用户卡电子钱包进行资金信息写入。

(4)系统生成圈存业务凭证,人工核对圈存金额并由客户确认,完成圈存业务服务。

5.4.2.3 业务说明

圈存提示失败时,客户或服务人员可根据相关提示继续执行二次圈存操作。如系统无圈存提示且确认圈存未成功,应重新生成圈存指令,客户可通过线上、线下渠道进行用户卡圈存。

5.4.3 充值和圈存特情处理

5.4.3.1 充值金额录入错误

1)未圈存冲正

(1)应满足充值冲正条件:卡片尚未产生下一笔充值或消费、未超过单个自然日或日结日、只限在充值的网点冲正。

(2)需提供该笔冲正错误的充值记录。

(3)冲正时,宜通过二次授权避免恶意篡改。

2)已圈存冲正

(1)应满足圈存冲正条件：卡片尚未产生下一笔充值或消费、未超过单个自然日或日结日、只限在圈存的网点冲正圈存。

(2)须完全冲正上一笔圈存记录，不可部分冲正。

(3)修改时，宜通过二次授权避免恶意篡改。

(4)圈存被冲正后，按未圈存冲正流程处理。

3)无法冲正的特情处理

(1)属于多充值的，应联系客户追款，补回充值款。

(2)属于少充值的，应按差额为客户再次充值。

5.4.3.2 圈存异常

(1)若无法判断充值金额是否已写入卡中，应将该笔圈存状态置为"未确认"，避免重复圈存。

(2)重新读卡，通过余额和流水号判断。若不具备重新读卡条件（如客户已离去、线上充值等情况），待客户下次消费或圈存时上传的流水判断。

(3)若判断圈存成功，将圈存状态置为"已成功"，本笔业务完成。

(4)若判断圈存失败，将圈存状态修改为"未圈存"，待客户下次圈存或将圈存状态修改为"圈存失败"，为客户办理退款。

(5)如充值后由于卡损、遗失等情况造成无法正常圈存，则按未圈存进行冲正处理。

5.4.4 退费

5.4.4.1 业务渠道

退费一般通过客户投诉、业务协调和通行费稽查等方式产生，退费圈存渠道包含客服网点、自助服务终端、写卡介质（如圈存读写器、蓝牙盒子、NFC）等。

5.4.4.2 业务流程

1)退费申请

(1)客户通过客服网点、客户联络中心渠道反映核实交易情况，对有异议交易发起退费申请。

(2)相关服务方对退费申请进行核实处理。如属实，按要求将相应费用退至发行方。

2)退费圈存

(1)发行方确认退费资金到账并核对明细。

(2)发行方确认用户卡状态，卡账户状态为"正常"的，将退费资金分配至客户用户卡账户并生成圈存指令。

(3)客户通过线上或线下渠道对用户卡进行退费圈存写卡。

5.4.4.3 业务说明

已注销的用户卡发生退费时，应将退费款项退入同一客户其他金融账户中并注明退费原因。

5.4.5 补卡额

5.4.5.1 业务渠道

补卡额一般通过客户投诉、业务协调和争议拒付等方式产生，补卡额圈存渠道包含客服网点、自助服务终端、写卡介质（如圈存读写器、蓝牙盒子、NFC）等。

5.4.5.2 业务流程

1）补卡额申请

（1）客户通过客服网点、客户联络中心渠道反映核实交易情况，对有异议交易发起退费申请。

（2）相关服务方对退费申请进行核实处理。如车道交易流水未产生，形成无流水交易应及时告知发行方为客户办理补卡额业务。

2）补卡额圈存

（1）发行方审核该笔交易情况，确认交易款项仍在用户卡账户内。

（2）发行方确认用户卡状态为"正常"，对客户用户卡生成补卡额圈存指令。

（3）客户通过线上或线下渠道对用户卡进行补卡额圈存。

5.4.6 补交

5.4.6.1 业务渠道

（1）线上补交渠道包含服务网站、移动终端应用，客户通过线上渠道自助完成补交业务。

（2）线下补交渠道为客服网点，客服网点确认补交信息并收取客户通行费补交资金后完成补交业务。

5.4.6.2 业务流程

1）线下补交

（1）客户通过客服网点渠道核实补交情况并申请补交。

（2）客户以现金方式进行通行费补交，发行方根据客户需要提供补交凭证。

（3）省内通行费补交，补交的通行费划拨至省中心，由省中心清分至服务方。

（4）跨省通行费补交，补交的通行费划拨至部联网中心，部联网中心清分至各省省中心，由省中心清分至各服务方。

2）线上补交

（1）客户可通过服务网站、移动终端应用使用网银进行通行费补交。客户补交后，系统将实时上传补交数据至稽查系统。

（2）补交的通行费划拨至部联网中心，部联网中心清分至各省省中心，由省中心清分至各服务方。

5.4.6.3 业务说明
补交业务不应通过扣减用户卡资金的方式完成。

5.4.7 清账

5.4.7.1 业务渠道
清账业务宜通过线下客服网点渠道办理。

5.4.7.2 业务流程
清账无须申请,卡注销满 30 个自然日并退款后自动清账。

5.4.7.3 业务说明
(1)清账时卡账户余额以卡账户注销后第 31 个自然日时为准。
(2)客户清账期满卡账户内若仍有余额,应将余额退还客户,待退款后自动清账。
(3)若卡账户关联其他金融账户,应先办理卡账户清账后方可办理金融机构账户清账和清户等业务。

5.4.8 清户

5.4.8.1 业务渠道
清户业务宜通过线下客服网点渠道办理。

5.4.8.2 业务流程
用户账户下所有用户卡账户清账后自动清户。

5.4.8.3 业务说明
(1)清户时用户账户内若仍有余额,应将余额退还客户。
(2)若用户账户关联其他金融账户,应在用户账户清户后办理金融机构账户清账和清户等业务。

5.4.9 退款

5.4.9.1 业务渠道
退款业务应通过线下客服网点渠道办理。

5.4.9.2 业务流程
(1)客户递交业务资料,客服网点审核并读取身份证信息,留存档案资料。
(2)客户提交退款申请,客服网点核实原用户卡状态为"注销"。
(3)客服网点生成业务凭证由客户进行确认。

(4)完成用户卡账户退款业务。

5.4.9.3 业务资料

(1)开户人为个人客户时,原则上要求开户人亲自持卡和本人有效证件到场办理;如需代办,需提供委托书、开户人有效证件、经办人有效证件等资料。

(2)开户人为单位客户时,需经办人提供卡和本人有效证件、单位授权书等资料。

5.4.9.4 业务说明

(1)退款范围包括储值卡余额、记账卡保证金(如有收取)。

(2)退款业务应在用户卡注销后、卡账户清账前办理,可与卡注销同时进行业务申请,退款前应作废已开具的充值发票,卡账户内金额宜一次性退还客户。

(3)退款金额应以用户卡注销业务生效之日起第 30 天的记账结果为准,45 天内将余额/保证金退到客户指定账户中。如储值卡退款前卡账不一致,则按卡账户余额进行退款。

(4)退款资金可退至银行或其他第三方应用账户内,由客户选择。在办理退款时需要填写退款账户证明,包括开户机构名称、账户名称、账号,退款账户名称要与卡片客户名称一致,有特殊情况不一致时需补充相关证明材料。

5.5 信 息 业 务

5.5.1 客户信息变更

5.5.1.1 业务渠道

线上变更渠道包含服务网站、移动终端应用,线下变更渠道为客服网点。

5.5.1.2 业务流程

1)线上变更

(1)客户登录线上渠道服务平台,进入客户信息变更界面。

(2)系统向客户登记的联系方式发送验证信息,客户通过验证后提交信息变更申请。

(3)客户录入新的信息并提交,生成业务成功通知,完成客户信息变更操作。

2)线下变更

(1)客户递交业务资料,客服网点审核并读取身份证信息,留存档案资料。

(2)客户提交变更申请,客服网点生成业务凭证由客户进行确认。

(3)客服网点根据客户信息变更内容准确录入信息,完成客户信息变更。

5.5.1.3 业务资料

(1)开户人为个人客户时,原则上要求开户人亲自持卡和本人有效证件到场办理;如需代办,需提供委托书、开户人有效证件、经办人有效证件等资料。

(2)开户人为单位客户时,需经办人提供卡和本人有效证件、单位授权书等资料。

5.5.1.4 业务说明

(1)客户信息变更包括客户名称、联系方式等信息更改后进行的信息登记,客户证件号码不在客户信息变更范畴中。

(2)如变更字段在卡内,需同步完成用户卡信息写入。

5.5.2 车辆信息变更

5.5.2.1 业务渠道

车辆信息变更业务宜通过线下客服网点渠道办理,服务人员对客户有效证件进行审核后办理变更业务。

5.5.2.2 业务流程

(1)客户递交业务资料,客服网点审核并读取身份证信息,留存档案资料。

(2)客户提交变更申请,客服网点核实对应的用户卡状态并检查用户卡和电子标签是否完好。

(3)客服网点生成业务凭证由客户进行确认。

(4)客服网点确认客户车辆信息是否与业务申请变更信息一致。

(5)客服网点准确录入信息完成变更。

5.5.2.3 业务资料

(1)开户人为个人客户时,原则上要求开户人亲自持卡、电子标签、本人有效证件到场办理;如需代办,需提供委托书、车辆授权书、机动车行驶证、开户人有效证件、车辆所有人有效证件、经办人有效证件等资料。

(2)开户人为单位客户时,需经办人提供卡、电子标签、本人有效证件、车辆授权书、单位授权书、机动车行驶证等资料。

5.5.2.4 业务说明

(1)变更车辆信息是指客户车辆信息变更后进行的信息(以机动车行驶证变更为准)登记行为。

(2)客户车牌号码、车牌颜色变更需同时变更用户卡和电子标签信息,座位数等其他车辆信息变更仅需变更电子标签信息。

5.5.3 密码重置

5.5.3.1 业务渠道

线上密码重置渠道包含服务网站、移动终端应用,线下密码重置渠道为客服网点。

5.5.3.2 业务流程

1)线上重置

(1)客户登录线上渠道服务平台,进入客户密码重置界面。

(2)系统向客户登记的联系方式发送验证信息,客户通过验证后提交密码重置申请。

(3)客户录入新的密码并提交,生成业务成功通知,完成客户密码重置操作。

2)线下重置

(1)客户递交业务资料,客服网点审核并读取身份证信息,留存档案资料。

(2)客户提交密码重置申请,客服网点生成业务凭证由客户进行确认。

(3)客户重新输入密码,完成客户密码重置。

5.5.3.3 业务资料

(1)开户人为个人客户时,原则上要求开户人亲自持卡和本人有效证件到场办理;如需代办,需提供委托书、开户人有效证件、经办人有效证件等资料。

(2)开户人为单位客户时,需经办人提供卡和本人有效证件、单位授权书等资料。

5.5.3.4 业务说明

客户密码重置业务应由客户自行输入完成,输入过程应为二次输入以确保录入准确。

5.5.4 业务查询

5.5.4.1 业务渠道

(1)线上业务查询包含但不限于服务网站、移动终端应用、公众号自助查询。客户通过平台注册并登录后进行查询或通过服务电话自助语音服务查询。

(2)线下业务查询需客户通过客服网点、呼叫中心查询。呼叫中心包括自助语音服务和人工语音服务,应提供7×24小时服务并设置统一客服电话。

5.5.4.2 业务流程

1)线上查询

(1)客户注册并登录服务网站、移动终端应用等,同意接受相关服务协议。

(2)输入密码进入业务查询页面,系统发送验证信息至客户登记的联系方式。

(3)信息验证通过后为客户提供业务查询服务。

2)线下查询

(1)客服网点:

①客户递交业务资料,客服网点审核并读取身份证信息,留存档案资料。

②客户提交业务查询申请,客服网点读卡。

③为客户提供业务查询服务。

(2)呼叫中心:

①客户拨打服务电话,根据语音提示选择需要查询的业务。

②客户通过验密身份认证后,选择自助或人工提供业务查询服务。

5.5.4.3 业务资料

(1)开户人为个人客户时,原则上要求开户人亲自持卡和本人有效证件到场办理;如需代办,需提供委托书、开户人有效证件、经办人有效证件等资料。

(2)开户人为单位客户时,需经办人提供卡和本人有效证件、单位授权书等资料。

5.5.4.4 业务说明

根据客户信息保密原则,部分客户信息需通过客户验证或二次授权后方可显示,客户敏感信息应做脱敏处理,信息显示内容应划分为公开部分和内部管理部分。

1)基本信息查询

(1)客户信息查询:

客服网点经客户验证或管理授权后可查询客户的开户账号、开户渠道、客户名称、证件号码、联系人、联系方式等信息。该部分信息对客户公开,客户可注册登录线上渠道服务平台自助查询。

(2)用户账户信息查询:

客服网点可查询客户账号的开户日期、开户渠道、办理人员及账户状态等,该部分信息为内部管理使用。

(3)客户发行信息查询:

客服网点可查询用户账户下发行的用户卡状态、电子标签状态、发行时间、发行渠道、操作人员、发行车辆信息等,该部分信息为内部管理使用。

(4)锁定车牌查询:

客服网点可以查询车牌锁定的省份、办理机构等信息,该部分信息为内部管理使用。

(5)用户卡信息查询:

客服网点可查询用户卡发行时间,及用户卡发行的账户编号、客户名称、车牌号码、车牌颜色、发行渠道、操作人员及发行方案等,该部分信息为内部管理使用。

(6)电子标签信息查询:

客服网点可查询电子标签发行时间,及电子标签发行的账户编号、客户名称、车牌号码、车牌颜色、发行渠道、操作人员及发行方案等,该部分信息为内部管理使用。

2)充值消费查询

(1)用户卡充值查询:

客服网点经客户验证或管理授权后可查询客户用户卡的充值时间、充值金额、充值渠道、充值支付方式、充值流水号等信息。该部分信息对客户公开,客户可注册登录线上渠道服务平台自助查询。

(2)用户卡交易记录查询:

客服网点经客户验证或管理授权后可查询客户用户卡的交易记录,包括入站站号、入口站名、入口时间、出口站号、出口时间、交易流水号和交易金额,分为已记账交易记录查询和未记账交易记录查询。该部分信息对客户公开,客户可注册登录线上渠道服务平台自助查询。

(3)注意事项:

①发行方应在每月不晚于第 5 个工作日发布上一月份的月结单,月结单通常包括客户通行记录、账户余额等信息。提供月结单及消费记录查询服务的期限应不少于 24 个月,服务方式及期限应向客户明示。

②考虑到大部分客户仅需要查询近期的通行数据,为减少冗余数据、提升系统运作效率,不同时段的消费记录可采用不同的方式提供。网站、营业网点等常规渠道提供近期的通行数据;客户需要较为久远的通行明细时,可通过拨打客服电话向后台部门调取数据。

③属于记账卡绑定银行信用卡情况,由于信用卡的结算周期与记账卡的结算周期不同,造成客户对账困难,宜向客户提供按自然月结算的通行费清单和按客户选定结算时间周期的通行费清单(选定周期与信用卡结算周期一致)两种查询方式。

④发行方应提供的月结单查询及下载服务,查询途径可以为客服网站、邮件、手机移动终端应用或微信等。考虑到部分客户有打印清单报销的需要,建议网站和邮件可提供 PDF 格式的清单。

3)业务办理查询

(1)挂失/解挂查询:

客服网点可查询客户挂失/解挂的办理时间、办理渠道及操作人员等信息,该部分信息为内部管理使用。

(2)补办查询:

客服网点可查询客户补卡和补办电子标签的时间、办理渠道及操作人员等信息,该部分信息为内部管理使用。

(3)更换查询:

客服网点可查询客户换卡和更换电子标签的时间、办理渠道及操作人员等信息,该部分信息为内部管理使用。

(4)信息变更查询:

客服网点可查询信息变更的办理时间、操作人员、变更内容等,该部分信息为内部管理使用。

4)客户黑名单查询

客服网点可查询客户黑名单状态等信息,该部分信息为内部管理使用。

5.5.5 咨询

5.5.5.1 业务渠道

(1)线上业务咨询包含但不限于服务网站留言咨询,移动终端应用、公众号留言或在线咨询。留言咨询回复时限应不超过 3 个工作日。

(2)线下业务咨询包含但不限于客服网点、呼叫中心咨询。呼叫中心包括自助语音服务和人工语音服务,应提供 7×24 小时服务并设置统一客服电话。

5.5.5.2 业务流程

1)线上业务咨询

(1)客户注册并登录服务网站、移动终端应用等,同意接受相关服务协议。

(2)进入业务咨询页面,浏览常见问题回复或对业务进行留言提问。

(3)留言问题经线下渠道人工审核后给予回复。

2)线下业务咨询

(1)客服网点：客户前往客服网点或通过网点服务电话直接向服务人员进行业务提问交流。

(2)呼叫中心：客户拨打服务电话，选择自助或人工业务咨询服务。

5.5.5.3 业务说明

(1)自助咨询服务仅提供主要常见业务的咨询，其他业务需通过人工通道进行咨询。

(2)线上留言咨询应有审核机制，对于发表不当言论的留言可禁止显示。

5.5.6 投诉处理

5.5.6.1 业务渠道

(1)线上投诉渠道包含但不限于服务网站、移动终端应用、公众号，通过筛选有效投诉信息，按流程完成情况调查、客户沟通、结案处理等工作。

(2)线下投诉渠道包含但不限于客服网点、呼叫中心，根据投诉内容、投诉类型、投诉对象确定投诉处理部门，按流程完成情况调查、客户沟通、结案处理等工作。

5.5.6.2 业务说明

(1)客户投诉处理应在核实证据的基础上，以用户利益优先为原则。

(2)各参与方应积极配合，应完整提供证据，并进行备份保存，及时高效地完成客户投诉处理。

(3)投诉受理方应详细记录客户投诉信息，包括客户信息、投诉内容、诉求等。

(4)如客户提交的通行费发票等证据与客户投诉站点不符，被投诉方应积极请投诉受理方联系客户确认是否是证据提供有误或投诉站点提供有误，不应立即提交投诉处理结果。如客户票据遗失，在一定期限内服务方应配合客户查找证据。

(5)客户投诉处理应查明原因，在解决该起投诉基础上，分析问题产生原因，力求避免同类问题再次发生。

(6)客户提出储值卡多扣费投诉，如能明确提出交易时间及地点，应及时核查车道交易流水。如属车道交易流水未上传、确实多扣费情况，应及时补传交易流水，并进行退费处理；如属车道交易流水未产生、形成无流水交易情况，但卡面确实多扣费，被投诉方应及时提交相关说明及证据，并请发行方为客户补足卡内金额。

(7)对于非正常通行投诉，在被投诉方核查车道的同时，发行方应对客户的电子标签和非现金支付卡进行产品分析，并同步给出产生原因和意见。

(8)投诉自受理之日起，应在2个小时内响应，21个工作日内完成投诉处理并向客户反馈处理意见。

6 通行服务

ETC 客户的收费公路通行服务以车道为基础,车道通行服务原则主要分为基本规则和特情处理原则。

6.1 基本规则

基本规则主要包括 ETC 车道设置规则、车道交易处理规则和重大节假日车道管理规则等。

6.1.1 ETC 车道设置规则

ETC 车道设置规则需要考虑客户量和车流量匹配关系,可根据工可报告中的预测数据和本地的实际情况来合理设置 ETC 车道数量,一般遵循以下原则:

(1)ETC 专用车道宜设置在收费站行车方向的左侧车道即内侧车道。ETC 车道的设置需考虑尽量减少进入收费广场的 ETC 车辆与一般车辆交叉并线的影响,原则上宜设置在收费站行车方向最左侧。

(2)ETC 车道宜采用自动栏杆岛内布局模式。相对于岛头布局模式,岛内布局模式的 ETC 车道可使车辆保持较高速度通行,进一步提高通行效率,因此新建或改扩建 ETC 车道应优先采用自动栏杆岛内布局模式。

6.1.2 车道交易处理规则

(1)ETC 车道费额显示器在交易时应显示客户车牌号码、当次支付金额、储值卡余额等信息;在 MTC 车道交易时,费额显示器还应显示客户当次支付金额及储值卡余额等相关信息。

(2)在 ETC 出/入口车道交易时应查验电子标签有效期和拆卸状态、用户卡有效期、电子标签和用户卡发行属地、电子标签和用户卡车牌信息一致性、黑名单信息等,查验不通过时,应严禁交易。

(3)在人工半自动收费通道(Manual Toll Collection,MTC)出口车道交易时应首先判断实际收费车型,查验用户卡有效期、用户卡车牌信息与实际车牌一致性、黑名单信息等,查验不通过时,应严禁交易。如用户卡内余额不足,应使用其他支付方式全额缴纳通行费。

6.1.3 重大节假日车道管理规则

应按照收费站的车流量特点设置重大节假日车道。不具备节假日专用车道设置的收费站需要采用混合模式进行收费,在条件允许的情况下需要按照客货分流的方式来处理节假日车辆。对于免费车辆可以采用限高门架等方式来确保通过节假日专用车道的车辆均为 7 座以下的小型客车。节假日专用车道需要具备车辆计数功能,以便统计节假日免费通行的车辆数。

ETC车道在节假日正常开启,下发重大节假日参数后,实行一车一杆放行。

6.2 特情处理原则

主要包括ETC车道处理原则和MTC车道处理原则,ETC车道仅支持ETC车辆客户(一般指安装电子标签的客车)支付通行,MTC车道可支持所有ETC支付卡客户(含未安装电子标签的卡客户,包括客车和货车)支付通行。

6.2.1 ETC车道特情处理原则

ETC车辆客户在ETC车道无法正常支付通行时,应及时通过人工干预的方式给予处理。常见情况如下:

(1)正常ETC车辆驶入ETC车道,费显显示"交易失败"。在条件允许的情况下,执勤人员应引导车辆再次通过。如再次交易失败,执勤人员应引导车辆从MTC车道通行。收费员在MTC车道刷卡核实,若用户卡已发生扣费,放行车辆,系统避免出现重复扣费;若用户卡未发生扣费,刷卡缴费;若刷卡失败,全额现金收费,并提醒客户用户卡可能损坏,需到发行省份客服网点进行检查。如ETC车道有排队车辆,交易失败车辆无法驶入MTC车道,执勤人员应持用户卡到MTC车道收费亭内进行刷卡扣费,扣费成功后,人工执行ETC车道抬杆操作,放行车辆,并报收费站监控室做好记录。

(2)非ETC车辆客户误闯ETC车道,执勤人员应引导车辆从MTC车道通行。

(3)ETC支付卡在黑名单内,执勤人员应引导车辆从MTC车道通行并全额现金收费。

(4)ETC支付卡余额不足,执勤人员应引导车辆从MTC车道通行并全额现金收费。

(5)U行车辆被ETC车道拒绝通行,执勤人员应引导车辆从MTC车道通行,按照U行车辆处理。

6.2.2 MTC车道特情处理原则

ETC支付卡客户在MTC车道无法正常支付通行时,一般采取全额现金收费的方式给予处理放行。常见情况如下:

(1)在封闭式高速公路中,收费员在MTC车道刷用户卡读取入口信息失败,经询问,客户在入口收费站已领取通行卡,则按MTC收费流程,全额现金收费;若客户在入口未领通行卡,询问入口站信息,核实后按实际里程现金收费;如无法核实入口信息,按封闭路段内最远端的驶入站到本站的距离现金收费。

(2)ETC支付卡在黑名单内,收费员按全额现金收费,并提醒客户到发行省份查明原因并解除黑名单。

(3)ETC支付卡余额不足,收费员按全额现金收费,并提醒客户到发行省份进行充值圈存。

（4）收费员发现实际车牌号与用户卡内车牌号不符时，应按全额现金收费，用户卡不做处理。

6.3 通行保障

（1）应保障 ETC 车道系统运行正常，定期对车道系统进行维护。

（2）ETC 车道应 7×24 小时不间断运行，对于影响 ETC 车道系统通行的故障，应在 4 小时内响应，并在 24 小时内修复；其他一般性故障应在 48 小时内修复。

（3）ETC 车道系统交易时应显示相关信息，对于记账卡显示车牌信息、交易金额等，对于储值卡还应显示卡片余额。

（4）当车辆在 ETC 车道无法通行时，车道系统应提示无法通行的原因。

7 后台管理

7.1 黑名单管理

7.1.1 黑名单分类

（1）卡黑名单类型包括：卡挂失、无卡挂起、无卡注销、账户透支、支付机构黑名单、车型不符等。

（2）标签黑名单包括：标签挂失、无签挂起、无签注销、车型不符等。

（3）车牌黑名单包括：闯卡、换卡、丢失卡、恶意影响称重、恶意 U 行、损坏设施逃逸、违章、持假证、假冒军车、假冒优惠车、绿色通道黑名单、恶意大车小标、ETC 长期欠费、ETC 大额欠费等。

（4）车牌灰名单包括：闯卡、换卡、丢失卡、恶意影响称重、恶意 U 行、损坏设施逃逸、违章、持假证、假冒军车、假冒优惠车、绿色通道黑名单、车型变化、重点车型、大车小标、ETC 欠费等。

7.1.2 业务说明

（1）原"禁用"类型黑名单取消，名称变为"车型不符"，直接体现在黑名单类型中，不在卡状态和标签状态中体现，但"车型不符"黑名单在客服系统中应有标识。

（2）在"车型不符""账户透支"状态下，仅可办理被动挂起业务，其他业务均不能办理。

（3）"支付机构黑名单"仅限制车道通行，对客服业务不产生影响。

7.2 库存管理

7.2.1 业务说明

为规范库存产品的管理、确保各环节有序流转，客服网点作为库存产品的发行和实物管理部门，负责库存产品的配送、销售、回收品回收，以及相应环节的库存管理工作。

本节涉及的库存产品包括正常产品、回收品，不包括空白产品、制作损坏产品。

（1）正常产品：已初始化、未发行的用户卡或电子标签。包括正常储值卡、正常记账卡、正常电子标签和正常电子标签备件。

（2）回收品：因更换、销户原因收回或因客户投诉经同意做销售退回的用户卡或电子标签，包括回收储值卡、回收记账卡、回收电子标签和回收电子标签备件。

7.2.2 业务流程

每个网点设立仓管员,工作职责如下。

1)实物保管

(1)负责产品的保管工作,定期清查、盘点库存产品,做到账、物相符。

(2)负责产品实物的定位摆放,做到井然有序。

2)账目登记

(1)严格按照操作流程办理产品入、出库工作,详细登记产品入、出库情况。

(2)定期编制产品库存报表。

(3)建档分类妥善保存出/入库原始凭证,不得丢失、涂改、损坏。

3)管理工作

(1)及时向网点负责人汇报产品库存情况,提出产品的补充建议。

(2)负责仓库安全保卫工作,保管仓库唯一钥匙,确保仓库和产品安全。

(3)及时检查产品的保质期限。

4)工作流程

(1)新产品完成制作后,发行方仓库做正常产品的"首次入库"。

(2)当遇到库存数量低于最低库存量或运营情况突变、库存产品可能不足以应付近期运营需要时,客服网点应提出需求申请,及时调配。中心仓库做"调拨出库"。

(3)客服网点仓管员对调拨来的正常产品进行验货、清点,正常产品验收后应当天办理"调拨入库",打印入库单(或入库汇总单),仓管员签名确认后归档保存。

(4)当日发行、有偿更换产品做"销售出库";无偿更换做"更换出库"。

(5)对退还的不良质量产品,办理回收品"首次入库"手续,登记存货管理系统,打印出/入库单归档保存。回收品定期"调拨出库"至相关处理部门。

(6)每日营业结束时,对库存产品数量进行盘点(不盘点编号)。

(7)根据回收品处理意见,应报废的产品进行密钥和实物销毁,或依据合同向厂家退换产品。

(8)每月末应对全部在库产品进行盘点,由仓管员和监盘人共同完成盘点工作,盘点结束编制并上报盘点报告。

(9)盘点出现盘盈,经部审核后,进行盘盈入库。盘点出现盘亏,经审批后,进行盘亏出库,并追究相关责任人责任。仓管员登记存货管理系统,打印出/入库单(或出/入库汇总单)与盘盈、盘亏处理意见一并归档保存。

(10)客服网点应建立领用流程。子网点或个人按工作需要向仓管员领用产品,并做好登记。营业结束或定期办理退还。

7.2.3 资料/票据管理要求

(1)"首次入库"时,到货验收单及入库单统一归档保存。
(2)"调拨出/入库"时,打印出/入库单,提货人和仓管员签名确认,各留一联。
(3)每月库存盘点结果报表统一归档保存,宜包括如图1的基本要素。

网点名称:×××　盘点时间:YYYY-MM-DD

产品类型	产品名称	起始编码	终止编码	系统数量	实际数量	盘点结果
						盘盈/亏

操作员:×××

图1　库存盘点结果报表

7.2.4 注意事项/其他说明

(1)应设置专用的产品仓库或产品专柜,由专人管理。产品应保存在专用的仓库内,仓库或产品专柜的钥匙应由仓管员保管,备用钥匙封印放保险柜保管。
(2)仓库应保持通风,整洁干净,做到"防火、防虫、防鼠咬、防水、防霉"。
(3)所有库存产品均应标识清楚并按产品类别分类摆放,产品的摆放应有利于"先进先出",产品按照"先进先出"的原则出库。
(4)当产品质保期小于1年时,仓管员应及时上报。
(5)在运输、保管等过程中发现产品丢失现象,发现人应立即上报,登记遗失卡信息,下发用户卡黑名单。

7.3 账务管理

7.3.1 卡账不符处理

卡账核对:卡账户余额 = 卡片充值总额 - 消费总额,再用卡账户余额与卡内余额进行比较。
所需资料:卡片的充值记录、卡片的消费记录。
由于下列原因,储值卡卡面余额可能与卡账户余额不一致。
(1)存在滞留未结算流水,会表现为卡账户余额大于卡内余额。
(2)卡内扣款后不生成流水(流水缺失),会表现为卡账户余额大于卡内余额。

(3)圈存异常且尚未确认写卡是否成功。
(4)卡内扣款失败且流水被正常清算(缺少上下流水,无法判别卡内扣款状态导致被正常清算),表现为卡账户余额小于卡内余额。

一般情况下卡账户余额应等于卡内余额。如果系统余额小于卡内余额,系统对此类情况应主动提示客服人员,若是由于交易成功生成流水但卡片未扣款造成,按争议交易流程处理。若系统余额大于卡内余额,按下列产生原因区别处理:
(1)属于圈存异常的,按5.4.3条中的"圈存异常"流程处理。
(2)属于交易成功无流水的,根据交易号判断是否有交易缺失。如超过30天流水未补上传,将相应的交易缺失金额办理客户补卡额。办理补卡额时需要录入缺失的交易号进行标记,补卡额后流水补上传时,将该条记录作为业主损失进行结算。

7.3.2 退费处理

通行费多收款退费,在服务方同意退费回复后进行办理。
(1)储值卡退费录入系统后,在卡账户生成一笔待圈存金额,下次圈存时自动将待圈存金额写入卡内。
(2)记账卡退费录入系统后,再通过银行转账方式退回客户的授权扣款账户。

7.3.3 其他对账

拒付交易包括重复交易、验证未通过、逾期交易等类型,以《结算争议交易判定及处理操作流程》为依据拒付,应根据最终交易结果为客户补卡额。

7.4 统计分析

7.4.1 业务说明

ETC客服类报表查询主要包括下列3类:
(1)收支统计类,包括与资金有关的各类业务明细和汇总,如产品销售、充值等。
(2)库存管理类,包括库存明细、汇总、盘点等。
(3)业务统计类,主要是对重要客服的流水记录,用于核实客户资料和回执收集情况、事后稽查等。

7.4.2 业务流程

1)收支统计类
(1)每天客服网点结束营业后通过系统打印上述报表。

（2）与当日资金核对。

（3）核对通过后，签名、盖章。

2）库存管理类

（1）各客服网点仓库每月月末应对全部在库产品进行盘点。

（2）盘点完成后，签名、盖章。

3）业务统计类

（1）每天客服网点结束营业后通过系统打印上述报表。

（2）与当日客户资料收集和回执收集情况核对。

（3）核对通过后，签名、盖章。

7.4.3 资料/票据管理要求

1）管理要求

（1）报表的保管期限从会计年度终了后的第一天算起，呈交部门管理1年内的报表，1年以上的报表由档案室管理。月报、季报保管期限为3年，年报保管期限为永久。

（2）每年形成的报表，应由使用部门按照归档要求，负责整理立卷，装订成册，编制报表索引。

（3）报表在归档前需仔细审核，查漏补缺，避免出现漏存、多存、误存。

2）日常打印装订

（1）按照报表类别，每日/月/季度/年度按要求打印报表，在审核后，分类存放。

（2）报表在保管时应分类明晰，安全存放，便于查阅。

3）保存和借阅

（1）若要查看相关数据，经审批、登记后再行借阅。登记时应注明借阅原因、日期、借阅人、审批人、报表的种类、年代、期限、归还日期及报表部门经手人等基本项目，确保报表的完整与安全。

（2）严禁借阅人员在报表上涂画、拆封和抽换。

4）销毁

报表因业务不再需要或超出期限时，可以按照下列程序销毁：

（1）由报表保管部门提出销毁意见，编制报表销毁清单，列明销毁报表的名称、编号、应保管期限、已保管期限、销毁时间等内容。

（2）由报表呈交部门在报表销毁清单上签署意见。

（3）在销毁报表时，需由报表保管人和部门负责人共同在场，并做好销毁登记。

7.4.4 注意事项/其他说明

对于因为误操作导致的报表数据不准确，需要走软件系统维护处理流程，由后台技术部门修改相应数据后,通知相关部门重新打印相关报表。在重新打印之前,原报表需保存,并注明原因,待正确报表打印后,原报表进行作废处理。

7.5 档案管理

7.5.1 管理原则

(1)发行方为客户档案管理主体,负责制定档案保管、调取等管理办法,并履行安全保护义务,对收集的客户信息严格保密。

(2)客服合作机构应按发行方规定做好档案管理工作,并保证客户信息的完整、准确。同时按要求对档案进行整理,确保档案资料的安全(不丢失、不外泄)、完整,方便发行方随时调取。

(3)档案管理对象为客服网点留存的客户办理ETC业务的纸质及电子档案等。

(4)档案管理工作要实行集中与分散管理相结合的体制。由发行方主要负责客户档案的管理,并对客服网点的档案管理工作进行督促和指导。

(5)客户档案作为不停车收费业务的一项重要内容,应永久保存。考虑到档案保存的长期性,永久保存的档案宜通过电子形式实现。

(6)客户的业务档案及与客户签署的纸质协议应长期保存,自客户销户之日起3年后可销毁处理。

7.5.2 管理方法

(1)客户纸质档案应按日期、流水号、类型(如按自发卡客户、联名卡客户区分等)、一户一卡进行归档装订,应打印档案目录,创建调阅表手写出档案调阅、移档等内容。

(2)客户电子档案应按日期、流水号、类型(如按自发卡客户、联名卡客户区分等)、账户进行电子档案归集,建立电子档案目录便于搜索,电子档案调阅应留有系统记录。

(3)客户纸质档案内容包括客户确认的业务凭证、开户人有效证件复印件、经办人有效证件复印件、车辆所有人有效证件复印件、机动车行驶证复印件、单位授权书、委托书等。

(4)客户电子档案内容包括但不限于客户确认的业务凭证影印件、开户人有效证件影印件、经办人有效证件影印件、车辆所有人有效证件影印件、机动车行驶证影印件、单位授权书影印件、委托书影印件等。

7.5.3 管理要求

(1)各级管理机构及客服网点应指定档案管理人员,负责客服网点的客户纸质档案以及电子客户档案信息的收集、整理、归档并编排汇总工作,并签订保密协议做好客户信息保密工作。

（2）客户档案核对是客服网点的一项基本工作内容，每个为客户办理业务的服务人员均有责任对客户资料进行核实，对原始资料、客户身份证件和申请表等各方资料进行核对、补充并完善客户资料，按顺序进行装订。

（3）客服网点要建立健全日常归卷制度，客户档案由档案人员集中统一保管，及时将客户档案按照分类要求存放，并做好登记。档案标题简明确切，档案目录和卷内档案目录输入计算机。档案材料在移交时（同时移交电子档案）必须填写移交清单，交接双方签字，并注明移交时间。

（4）对遗缺不全的档案，根据具体情况补缺。确实无法补齐的，需写情况说明。

（5）归档材料应该分类清楚、组卷合理、文件齐全、排列系统，纸质档案做到书写端正、图文清晰。禁止使用易褪色笔（如纯蓝墨水、铅笔、圆珠笔、有色笔等）。归档文件以件为单位进行装订、分类、排列、编号、编目、装盒。

（6）档案编目、装订：

①为统一规范、保证档案质量，应根据客户类型，在系统中导出目录，打印档案目录和备考表，按流水号顺序进行装盒。

②档案装订前应当对文件材料进行全面检查。对破损的文件材料，应当进行修补。对字迹模糊或褪色的文件材料，应当予以复制或附上誊写清楚的手抄稿。复制件附于原件后一并归档。

③装订时，文件的左侧和下方要对齐，在左侧用不锈钢钉装订。装订要做到结实、整齐、不掉页、不倒页、不压字、不损坏文件、不妨碍阅读。装订长度在16厘米左右，同时去掉文件上的曲别针、大头针、订书钉等金属制品。

④每年对档案进行一次清理，清除不需要保存的材料，对破损和褪色的材料进行修补和复制。

7.5.4　档案保管

（1）发行方设立专门地点、专用档案库保存档案，以防止档案的损坏、延长档案的寿命、维护档案的安全。

（2）做好档案库的防盗、防水渍、防潮、防虫蛀、防尘、防鼠害、防高温、防强光等工作，门窗应结实牢固。

（3）对已失效的客户档案，认真鉴定，编制销毁清册，该清册永久保存，经批准方能销毁。销毁时要有二人以上监销，并在清册上签字。

7.5.5　档案借阅

（1）凡需使用档案者，均须填写客户档案调阅单，履行调阅管理流程。

（2）借阅档案者应爱护档案、确保档案的完整性，不得擅自涂改、勾画、剪裁、抽取、拆散或损毁档案。

(3) 借阅档案交还时,须当面查看清楚,如发现遗失或损坏,应及时报告。
(4) 借阅客户档案、调取通行记录等仅限公安、检察院、法院出具证明并履行借阅手续后方可,律师事务所等其他单位无权进行档案调阅。

7.6 维护保障

7.6.1 系统特情维护

1) 系统特情维护范围
(1) 软、硬件系统功能、性能异常。
(2) 后台数据异常。
(3) 特殊需要调取部分前台无法直接查询的数据。
(4) 特殊原因需要后台协助修改数据。

2) 处理流程
(1) 通过系统维护工单,经审批后向技术部门提出处理软件维护申请。
(2) 技术部门依据维护申请种类进行分单,提交相关部门或人员处理。
(3) 处理完毕后,在工单上填写处理结果。
(4) 申请单位/个人对处理结果进行确认终结或退回重新处理。

3) 系统/技术要求
可考虑建立系统维护流程管理系统代替纸质人工流程,维护系统记录下列内容:
(1) 维护申报,包括:申请编号、申请人、申请时间、问题描述、附件、申请审批。
(2) 分单处理,包括:问题类别、处理部门/负责人、接收人、接收时间。
(3) 分析及处理,包括:原因分析、处理步骤、处理人、涉及软件模块、涉及数据表、后续处理。
(4) 处理结果,包括:处理意见、确认人、确认时间。
(5) 反馈信息,包括:确认终结或退回重新处理、反馈时间。

4) 资料/票据管理要求
纸质工单或系统记录永久保存。

7.6.2 日常维护要求

(1) 定期检查本网点所有业务用机的系统软件情况,严禁业务机器上安装非业务用软件,定期对业务用机查杀病毒。
(2) 营业前打开业务和办公设备(计算机、打印机、照明灯、叫号机、空调、饮水机等);下班后,关闭业务和办公设备、电源等,检查门窗等安全和布防。

(3)确保用户卡业务网络与互联网物理隔离。

(4)严禁私自对业务设备部件、配件调换,不得丢失、损坏业务设备及其部件。

(5)非业务网的数据、文件原则上不允许流向业务终端。特殊情况需要交换文件的,必须先对U盘查杀病毒,确保不将病毒带入业务用机。

(6)未经批准,不得在移动业务终端自行安装业务系统。

(7)保持机房整洁或设备清洁、堆放整齐,不放置无关物品于机房内,定期对机房打扫。

(8)做好本网点电子设备的登记,建立、维护设备台账、保管计算机设备的文字资料及光盘介质,定期编写并提交系统运行情况报告。

(9)设备发生故障需向设备管理人员报修,由专业人员负责维修或更换。

(10)不得将发行服务设备给未经培训及备案的人员使用。

8 渠道管理

8.1 线上渠道管理

8.1.1 注册登记

(1)未注册客户使用线上渠道服务平台前应进行客户实名注册,注册时须填写客户在客服网点开户时登记的客户名称、有效证件号码及联系方式等,信息验证通过后,与开户账户确认绑定关系。

(2)客户线上渠道注册名具有唯一性,由客户自行设定,可不与开户名称一致,注册名一经注册不能再次修改。

(3)客户注册的登录密码由客户自行设定并妥善保管,经验证后可由客户自行修改。

(4)对于已注册的账户,客户可直接使用注册名登录线上渠道服务平台,不可重复注册,如注册名和密码遗忘,可通过线上渠道提供的找回界面,通过验证用户账户名称、有效证件号码并向联系方式发送验证信息等方式进行注册名和密码找回。

(5)客户成功注册并绑定账户后,用户卡宜自动添加至线上服务渠道平台,系统默认绑定一个用户账户。客户可在通过信息验证后手动添加绑定其他未绑定的用户账户或其他账户的用户卡,也可对添加绑定有误的用户账户和用户卡进行解绑。

(6)单张用户卡手动绑定线上渠道服务平台时,应验证客户在客服网点登记的开户名、有效证件号码、用户卡密码及用户卡20位完整卡号,或通过用户卡对应客户手机号码及验证码绑定。绑定成功后宜向客户登记的联系方式发送绑定成功信息。

(7)用户卡密码为客户办理用户卡发行业务时设置,如密码遗忘应在客服网点进行密码找回或重置。

8.1.2 功能建设

1)服务网站

服务网站是省中心或发行方提供 ETC 相关业务及信息发布的主要线上渠道。主要功能包括但不限于 ETC 业务介绍、服务指南、政策发布、自助服务(账户查询、卡片状态查询、账单查询、通行详单查询、充值缴费、网点查询、业务受理)功能。为方便对全国 ETC 客户服务,服务网站应提供部联网中心和其他各发行方的网站链接。服务网站包括门户网站和合作网站。

(1)门户网站:由省中心或发行方直接通过互联网为 ETC 客户建设的专用服务平台,并负责该平台的日常维护和管理。

(2)合作网站:省中心或发行方借助成熟的第三方大型网络平台,在第三方网络平台上开设 ETC 客户的专用服务平台,该平台的建设、维护和管理统一由第三方平台服务商负责。

2）移动终端应用

移动终端应用是省中心或发行方基于手机等的移动终端软件和互联网,对服务网站已具备的功能提供更为人性化的线上服务渠道,从而进一步提高客户体验度。主要功能包括但不局限于ETC业务介绍、服务指南、政策发布、客户信息查询(账户信息、卡片信息、账单查询、详单查询等)、利用蓝牙或NFC等功能实现网络充值圈存缴费、业务预约办理、网点位置查询导航及交通出行信息实时发布功能。移动终端应用包括自主开发应用和合作开发应用。

（1）自主开发应用：由省中心或发行方直接基于各类移动终端的软件等自主开发的终端应用服务平台,并负责该平台的日常维护和管理。

（2）合作开发应用：省中心或发行方借助成熟的第三方终端应用平台,在第三方应用平台上开设ETC客户的专用服务功能,该平台的建设、维护和管理统一由第三方终端服务商负责。

3）公众号

公众号是省中心或发行方在第三方服务平台等申请注册为ETC客户服务的公共账号,公众号应经过官方认证授权并负责相关管理。主要功能包括但不局限于ETC业务介绍、服务指南、政策发布、客户信息查询(账户信息、卡片信息、账单查询、详单查询等)、利用蓝牙或NFC等功能实现网络充值圈存缴费、通行扣款消息实时推送、业务预约办理、网点位置查询导航及交通出行信息实时发布功能。

8.1.3 维护保障

根据《中华人民共和国网络安全法》要求,网络产品、服务的提供者应当为其产品、服务持续提供安全维护；在规定或者当事人约定的期限内,不得终止提供安全维护。线上渠道的服务器对信息的统计、归档应做到7×24小时的全面监控与管理,保障系统稳定、安全及可靠,同时科学运用信息化的数据库管理,将各类信息精准、清晰、无误的保存,做到随时可查阅、核算和统计。

1）门户网站、自主开发应用、公众号

服务网站要建立网络安全保障机制,由专人负责定期维护和及时更新,确保相关功能的正常使用及后台数据和客户个人信息的安全。

根据移动终端应用特点及可达到的技术水平,适当增加通行扣款消息实时推送、业务预约办理、网点位置查询导航及交通出行信息实时发布等相关功能,尽可能为客户提供最便利的服务,进一步提升客户体验度。

手机移动终端应用要按照国家互联网信息办公室发布的《移动互联网应用程序信息服务管理规定》做到规范管理,确保相关功能正常使用,做好信息安全工作。

2）合作网站、合作开发应用

合作网站和合作开发应用由具备一定实力和相关资质的中介机构进行建设,为全国客户提供方便快捷的购物服务。按照客户的消费环节提供对应的ETC周边软硬件商品,主要包括电子标签、充值读写器、充值卡、具备相关特色服务的移动终端应用等。系统应由专业软件公司开发,发行管理方应督促其做好系统相关的维护及运营工作。

8.2 线下渠道管理

8.2.1 客服网点

1)按网点建设、管理模式划分

(1)自营网点:

自营网点指发行方、省中心或收费公路经营管理单位直接建设、运营并管理的客服网点。

自营网点需要覆盖本省(自治区、直辖市)内所有地级市以上的城市,在规模较大的城市可以考虑分区或者分地区建设多个客服网点,网点配备需要有停车场所和服务大厅,使用统一的ETC服务标识,能为客户提供舒适的休息环境,并根据客户发展情况设置足够数量的人工服务柜台和自助服务终端。客服网点人工柜面工作日服务时间应不少于8小时。

(2)合作机构网点:

合作机构网点指发行方与其他机构或第三方代理合作开设的客服网点,代理ETC发行相关业务并提供客户服务。

合作机构网点的建设、配置及服务要求参照上述自营网点要求,由发行方与合作机构在合作协议中明确。

2)按业务类型划分

(1)全业务客服网点:可办理电子标签及用户卡新办发行、安装、充值及全部售后服务的综合类客服网点。

(2)部分业务客服网点:仅受理ETC相关的一项或几项业务的网点。

3)按面向客户群体划分

(1)面向所有客户网点:面向本发行方所有客户群体提供全业务或部分业务的网点。

(2)面向部分客户网点:仅对部分类型客户提供全业务或部分业务的网点。

8.2.2 自助服务终端

自助服务终端是提供ETC业务自助服务的线下非人工服务渠道,根据客户实际需要进行布设。自助服务终端应提供7×24小时服务,自助服务终端应具备用户卡充值圈存、信息查询、票据打印等功能。

自助服务终端应有专人进行维护,定期巡检。当系统软硬件设备发生故障时,相关维护单位应立刻响应并在24小时内赶至现场开展维护工作。故障应在4小时内修复完成,最迟不超过28小时。

8.2.3 客户联络中心

客户联络中心是提供ETC客户的咨询、查询、投诉等通过语音处理业务的渠道,包括呼叫中心和在线客服等,应具备业务咨询、投诉受理等功能,同时可提供自助服务和人工服务两种类型服务模式,宜提供挂失解挂、信息查询等业务办理服务。客服合作机构应提供基础的ETC业务咨询、查询,投诉等问题应通过约定的渠道转由相关参与方调查处理。

客户联络中心可以按照各省(自治区、直辖市)、市的客户数量对应的规模自行建设,或者和具备一定实力的中介机构合作建设。客户联络中心应提供7×24小时在线咨询、挂失、投诉受理等服务,在高峰呼叫阶段接通率不低于70%,低谷呼叫阶段提供实时服务,并与发行方保持实时业务沟通,确保提供的业务解答服务内容完整、准确。

9 评价指标

9.1 发行售后指标

9.1.1 初始化发行成功率

定义：一个统计周期中,初始化成功发行量占初始化发行总量的比率。
公式：初始化发行成功率 =（初始化成功发行量/初始化发行总量）×100%。
说明：初始化发行包括对用户卡和电子标签的发行,其成功率是衡量发行方初始化发行质量的指标,应分类型统计。初始化发行成功率应不低于99.5%。

9.1.2 线下发行差错率

定义：一个统计周期中,线下发行中的差错次数占线下发行总数的比率。
公式：线下发行差错率 =（线下发行差错次数/线下发行总数）×1000‰。
说明：线下发行差错包括对用户卡和电子标签的发行差错,线下发行差错率是衡量发行方线下发行质量的指标,应分渠道类型统计。线下发行差错率应低于0.3‰。

9.1.3 线上发行差错率

定义：一个统计周期中,线上发行中的差错次数占线上发行总数的比率。
公式：线上发行差错率 =（线上发行差错次数/线上发行总数）×1000‰。
说明：线上发行差错包括对用户卡和电子标签的发行差错,线上发行差错率是衡量发行方线上发行质量的指标,应分渠道类型统计。线上发行差错率应低于0.3‰。

9.1.4 线下发行服务时间

定义：一个统计周期中,单笔线下发行服务(不含安装和激活时间)的平均时长。
说明：线下发行服务时间指对用户卡和电子标签完整发行流程的时长统计,是衡量发行服务工作质量的指标,应分类型统计。单笔用户卡线下发行服务时间应控制在3分钟内,单笔电子标签线下发行时间应控制在3分钟内。

9.1.5 人工充值服务时间

定义：一个统计周期中,单笔人工充值服务的平均时长。
说明：人工充值服务时间是衡量柜面发行服务工作质量的指标,单笔人工充值服务时间应控制在 1 分钟内。

9.1.6 自助充值成功率

定义：一个统计周期中，客户通过自助渠道成功完成充值业务的笔数占通过自助渠道充值总笔数的比率。

公式：自助充值成功率 =（自助充值的成功笔数/客户通过自助渠道充值总笔数）× 100%。

说明：自助充值成功是指客户通过自助渠道成功完成的充值业务，因客户自身原因导致的充值不成功不在统计范围之列。自助充值成功率是衡量自助充值渠道服务质量的指标，应不低于 95%。

9.1.7 线上服务满意度

定义：一个统计周期中，线上服务中的客户评价满意的次数占线上服务总数的比率。

公式：线上服务满意度 =（线上服务满意次数/线上服务总数）× 100%。

说明：线上服务满意度包括客户对所有服务项目的满意度，是衡量发行方线上服务质量的指标，应分业务类型统计。评价类型包括非常满意、满意、一般、不满意，线上服务满意度应不低于 90%。

9.1.8 线下服务满意度

定义：一个统计周期中，线下服务中的客户评价满意的次数占线下服务总数的比率。

公式：线下服务满意度 =（线下服务满意次数/线下服务总数）× 100%。

说明：线下服务满意度包括客户对所有服务项目的满意度，是衡量发行方线下服务质量的指标，应分业务类型统计。评价类型包括非常满意、满意、一般、不满意，线下服务满意度应不低于 95%。

9.1.9 线上服务故障率

定义：一个统计周期中，线上服务渠道由于网络、硬件或软件故障等原因造成的服务故障次数占所提供的线上服务总次数的比率。

公式：线上服务故障率 =（线上服务故障次数/线上服务总次数）× 1000‰。

说明：线上服务故障类型包括因网络、硬件或软件等原因造成的故障，但不含因客户自身原因造成的故障，系统设备应定期检查和维护。线上服务故障率是衡量线上服务渠道的质量指标，应低于 0.2‰。

9.1.10 线上服务投诉率

定义：一个统计周期中，客户通过线上服务渠道办理业务时所产生的投诉次数占线上服务总次数的比率。

公式：线上服务投诉率 =（线上服务投诉次数/线上服务总次数）×1000‰。

说明：对于同一事件的重复投诉按实统计，线上服务投诉率应低于3‰。

9.1.11 线下服务投诉率

定义：一个统计周期中，客户通过线下服务渠道办理业务时所产生的投诉次数占线下服务总次数的比率。

公式：线下服务投诉率 =（线下服务投诉次数/线下服务总次数）×1000‰。

说明：对于同一事件的重复投诉按实统计，线下服务投诉率应低于3‰。

9.1.12 线上服务有责投诉率

定义：一个统计周期中，客户通过线上服务渠道办理业务时所产生的有责投诉次数占线上服务总次数的比率。

公式：线上服务投诉率 =（线上服务有责投诉次数/线上服务总次数）×1000‰。

说明：对于同一事件的重复投诉按实统计，线上服务的有责投诉率应低于0.01‰。

9.1.13 线下服务有责投诉率

定义：一个统计周期中，客户通过线下服务渠道办理业务时所产生的有责投诉次数占线下服务总次数的比率。

公式：线下服务的有责投诉率 =（线下服务有责投诉次数/线下服务总次数）×1000‰。

说明：对于同一事件的重复投诉按实统计，线下服务的有责投诉率应低于0.01‰。

9.2 应用服务指标

9.2.1 车道一次交易成功率

定义：一个统计周期中，一次交易成功通过ETC车道次数占ETC车道交易总量的比率。

公式：车道一次交易成功率 =（一次交易成功通过ETC车道次数/ETC车道交易总量）×100%。

说明：车道一次交易成功率是评价 ETC 车道服务能力的指标，车道一次交易成功率应不低于 98%。

9.2.2 ETC 车道覆盖率

定义：一个统计周期中，省域内设置 ETC 车道的收费站数量占收费站总数量的比率。
公式：ETC 车道覆盖率 =（设置 ETC 车道的收费站数量/收费站总数量）×100%。
说明：ETC 车道覆盖是指一个收费广场至少设置一进一出两条 ETC 车道，ETC 车道覆盖率是衡量基础设施完善程度的指标，匝道收费站 ETC 车道覆盖率应超过 90%，主线收费站 ETC 车道覆盖率应达到 100%。

9.2.3 ETC 应用场景投诉率

定义：一个统计周期中，客户投诉某一 ETC 应用场景的次数占该应用场景交易总次数的比率。
公式：ETC 应用场景服务投诉率 =（客户投诉某一 ETC 应用场景的次数/该应用场景交易总次数）×1000‰。
说明：ETC 应用场景投诉率是衡量应用场景服务质量的指标，应低于 0.1‰。

9.2.4 ETC 应用场景有责投诉率

定义：一个统计周期中，客户对某一 ETC 应用场景有责投诉的次数占该应用场景交易总次数的比率。
公式：ETC 应用场景线下投诉率 =（客户对某一 ETC 应用场景有责投诉的次数/该应用场景交易总次数）×1000‰。
说明：ETC 应用场景有责投诉率是衡量应用场景服务质量的指标，应低于 0.01‰。

9.2.5 消费数据延迟率

定义：一个统计周期中，用户卡在 30 天以后从各应用场景上传的消费数据数量占消费数据总数量之间的比率。
公式：消费数据延迟率 =（超过 30 天上传的消费数据数量/消费数据总数量）×1000‰。
说明：用户卡消费数据延迟是指因应用场景网络、软件或硬件故障等原因导致消费数据无法及时准确上传到数据中心的情况，消费数据延迟率反映了应用场景消费数据上传的及时程度，也是衡量 ETC 消费数据采集工作质量的指标。数据采集情况应定期进行核查，消费数据延迟率应低于 0.01‰。

9.3 渠道管理指标

9.3.1 客服网点覆盖率

定义：一个统计周期中,已设置客服网点的县(区、市)数量占县(区、市)总数的比率。

公式：客服网点覆盖率=[已设置客服网点的县(区、市)数量/县(区、市)总数]×100%。

说明：客服网点覆盖率是衡量线下人工服务渠道的基础设施指标。为了提供基础性发行服务,发行方应在县(区、市)域内规划并设置客服网点,包括与第三方合作开设的能够提供人工服务的代理网点。客服网点覆盖率应不低于90%。

9.3.2 客服网点故障率

定义：一个统计周期中,客服网点由于硬件设备或软件故障等原因引起服务中断的平均时长占正常营业总时长的比率。

公式：客服网点故障率=(客服网点平均中断时长/正常营业总时长)×1000‰。

说明：客服网点故障率是衡量客服网点对外服务的质量指标,系统设备应定期检查和维护。客服网点故障率应低于0.2‰。

9.3.3 自助终端覆盖率

定义：一个统计周期中,已设置自助客服网点的县(区、市)数量占县(区、市)总数的比率。

公式：自助终端覆盖率=[已设置自助客服网点的县(区、市)数量/县(区、市)总数]×100%。

说明：自助终端覆盖率是衡量自助服务渠道的基础设施指标。发行方应在县(区、市)域内增设自助终端,包括与第三方合作开设的能够提供自助服务的网点。自助终端覆盖率不应低于60%。

9.3.4 自助终端故障率

定义：一个统计周期中,自助终端由于硬件或软件故障等原因引起的服务中断平均时长占正常营业总时长的比率。

公式：自助终端故障率=(自助终端平均中断时长/正常营业总时长)×1000‰。

说明：自助终端故障率是衡量自助终端对外服务的质量指标,系统设备应定期检查和维护。自助终端故障率应低于0.5‰。

9.3.5　客户联络中心接通率

定义：一个统计周期中,客户通过客户联络中心接受服务的次数占客户通过公示的方式联系客户联络中心总次数的比率。

公式：客户联络中心接通率=(客户通过客户联络中心接受服务的次数/客户通过公示的方式联系客户联络中心总次数)×100%。

说明：客户联络中心接通率是衡量客户联络中心对外服务能力的指标,应达到70%以上。

9.3.6　服务渠道利用率

定义：一个统计周期中,各类服务渠道完成的业务量占当期所完成业务总量的比率。
公式：各类服务渠道利用率=(各类服务渠道完成的业务量/当期所完成的业务总量)×100%。
说明：各类服务渠道利用率是衡量各类服务渠道使用效率的指标。

9.3.7　单柜业务饱和率

定义：一个统计周期中,单柜平均业务办理所耗时长占单柜理论上可提供业务办理总时长的比率。

公式：单柜业务饱和率=(单柜平均业务办理所耗时长/单柜理论上可提供业务办理总时长)×100%。

说明：单柜业务包含但不限于发行、充值、变更业务,是衡量发行方柜面资源配备是否满足业务需求的指标。发行方应根据每种业务的复杂程度设定标准时长(具体应通过柜面实测,每种业务类型的样本量至少应达到10个),计算出各类型业务量所需的总时长。单个柜面在一个工作日内所能提供用于办理业务的总时长宜为25200秒(7小时×60分钟×60秒),当单柜业务饱和率超过60%时应考虑增加柜面或人手。

附件

业 务 规 则 简 表

附表1

业务类型	业务名称	
发行业务	开户	
	车辆信息录入	
	开卡	
	注册电子标签	
	安装激活电子标签	
卡业务	卡挂失	
	卡解挂	
	补卡	
	换卡	
	卡续期	
	卡挂起	被动挂起
		主动挂起
	卡解除挂起	
	卡注销	有卡注销
		无卡注销
标签业务	重新安装激活电子标签	
	标签挂失	
	标签解挂	
	标签补办	
	标签更换	
	标签维修	
	标签续期	
	标签挂起	被动挂起
		主动挂起
	标签解除挂起	
	标签过户	
	标签注销	有卡注销
		无卡注销
资金业务	充值	
	圈存	
	退费	
	补卡额	
	补交	
	清账	
	清户	
	退款	
信息业务	查询	
	咨询	
	投诉处理	
	信息变更	客户信息变更
		车辆信息变更
		用户卡信息变更
		电子标签信息变更
账户业务	销户	

卡账户状态
正常
账户透支

卡状态
正常
卡挂失
有卡挂起
无卡挂起
有卡注销
无卡注销

标签状态
正常
标签挂失
有签挂起
无签挂起
有签注销
无签注销
维修中
已过户

卡黑名单类型
卡挂失
无卡挂起
无卡注销
账户透支
支付机构黑名单
车型不符

标签黑名单
标签挂失
无签挂起
无签注销
车型不符

车牌黑名单类型
闯卡
换卡
丢失卡
恶意影响称重
恶意U行
损坏设施逃逸
违章
持假证
假冒军车
假冒优惠车
绿色通道黑名单
恶意大车小标
ETC长期欠费
ETC大额欠费

车牌灰名单类型
闯卡
换卡
丢失卡
恶意影响称重
恶意U行
损坏设施逃逸
违章
持假证
假冒军车
假冒优惠车
绿色通道黑名单
车型变化
重点车型
大车小标
ETC欠费

附表 2

业务规则表

序号	业务类型	业务名称	定义	前置条件	线下办理					线上办理（含客户联络中心）					
					读身份证	读卡	验密	机动车行驶证	备注	二次授权	上传验证身份证	读卡	验密	机动车行驶证	备注
1	发行业务	开户	首次办理ETC业务时，发行方为客户开设用户账户的服务	未发行方未开户	√	×	×	×	个人：一个证件号码仅能开设一个账户；单位：默认开设一个账户，分设账户需二次授权	×	√	×	×	×	满足征信体系、公安车辆信息及人脸校验
2		车辆信息录入	在用户账户内录入车辆信息的服务	车牌未占用，未进入黑名单	√	×	×	√	非机动车所有人需提供机动车所有人授权书	×	√	×	×	√	满足征信体系、公安车辆信息及人脸校验
3		开卡	将录入系统的相关信息写入用户卡并开设卡账户的服务	车辆信息已录入	√	×	×	×	需设置密码	×	√	×	×	√	
4		注册电子标签	将录入的相关信息写入电子标签并发行的服务	车辆信息已录入	√	×	×	×		×	√	×	×	√	
5		安装激活电子标签	注册电子标签后首次将电子标签安装至机动车并激活的服务	电子标签已注册	×	×	×	√	实车验证	×	/	/	/	/	实车验证

续上表

序号	业务类型	业务名称	定义	前置条件	线下办理					线上办理（含客户联络中心）					
					读身份证	读卡	验密	机动车行驶证	备注	二次授权	上传验证身份证	读卡	验密	机动车行驶证	备注
6	卡业务	卡挂失	为客户办理用户卡遗失登记的服务	/	√	×	√	×	读身份证、验密二选一	×	√	×	√	×	
7		卡解挂	为客户办理用户卡解除挂失状态的服务	需卡账户正常	√	√	√	×	读身份证、验密二选一	×	√	√	√	×	
8		补卡	为客户办理用户卡补遗的服务	需卡账户正常	√	×	×	×	旧卡无卡注销，新卡需设置密码	×	×	×	√	×	
9		换卡	为客户办理用户卡更换的服务	需卡账户正常	√	√	√	×	旧卡有卡注销，新卡需设置密码；读身份证、验密二选一	×	×	×	√	×	
10		卡续期	为客户办理用户卡有效期延期的服务	需卡状态正常且卡账户状态正常	×	√	×	×		×	√	×	√	×	
11		卡挂起-被动挂起	为客户暂停使用用户卡使用的服务	/	√	×	×	√	需要车主身份证，此业务仅提供给原开户人以外的他人申请	√	/	/	/	√	需要车主身份证
12		卡挂起-主动挂起		需卡账户正常	√	√	×	×	需要开户人身份证	×	/	/	/	√	需要开户人身份证
13		卡解除挂起	为客户暂停使用的用户卡办理恢复使用的服务	需卡账户正常	√	√	×	×		×	/	/	/	/	
14		卡注销-有卡注销	为客户办理用户卡注销登记的服务	需卡账户正常	√	√	×	×		×	/	/	/	/	
15		卡注销-无卡注销		需卡账户正常	√	√	×	×		×	/	/	/	/	

续上表

业务类型	序号	业务名称	定义	前置条件	线下办理					线上办理（含客户联络中心）					
					读身份证	读卡	验密	机动车行驶证	备注	二次授权	上传/验证身份证	读卡	验密	机动车行驶证	备注
	16	重新安装激活电子标签	再次将电子标签安装至机动车并激活的服务	标签状态正常	×	×	×	√	实车验证	×	/	/	/	/	实车验证
	17	标签挂失	为客户办理电子标签遗失登记的服务	/	√	×	×	×		×	√	×	√	×	
	18	标签解挂	为客户办理电子标签解除挂失状态的服务	/	√	×	×	×	持标签	×	√	√	√	×	
	19	标签补办	为客户办理电子标签补办的服务	/	√	×	×	×		×	√	×	√	√	
标签业务	20	标签更换	为客户办理电子标签更换的服务	/	√	×	×	×	持原标签	×	√	×	√	√	
	21	标签维修 开始维修		/	×	×	×	×	持标签	×	×	√	×	√	
		标签维修 维修后		/	√	×	×	×		×	√	×	√	√	
	22	标签续期	为客户办理电子标签暂停使用的服务	需标签状态正常	×	×	×	×	持标签	×	×	√	×	×	

077

续上表

序号	业务类型	业务名称	定义	前置条件	线下办理					线上办理(含客户联络中心)					
					读身份证	读卡	验密	机动车行驶证	备注	二次授权	上传/验证身份证	读卡	验密	机动车行驶证	备注
23	标签业务	标签挂起-被动挂起	为客户办理电子标签暂停使用的服务	/	√	×	×	√	需要车主身份证	×	√	×	×	√	需要车主身份证
24		标签挂起-主动挂起	为客户暂停使用的电子标签的服务	/	√	×	×	×	需开户人身份证	×	√	√	×	×	需开户人身份证
25		标签解除挂起	为客户办理暂停使用的电子标签恢复使用的服务	/	√	×	×	√	持标签	×	/	/	/	/	
26		标签过户	为客户办理电子标签迁移至另一用户账户下的服务	需标签状态正常	√	×	×	×	需要原开户人身份证,接收人车辆信息先开户,录入车辆过户信息后办理标签过户,持标签	×	/	/	/	/	
27		标签注销-有签注销	为客户办理电子标签注销登记的服务	/	√	×	×	×	持标签	×	/	/	/	/	
28		标签注销-无签注销	为客户办理电子标签注销登记的服务	/	√	×	×	×		×	/	/	/	/	

续上表

序号	业务类型	业务名称	定　义	前置条件	线下办理					线上办理（含客户联络中心）					
					读身份证	读卡	验密	机动车行驶证	备注	二次授权	上传/验证身份证	读卡	验密	机动车行驶证	备注
29	资金业务	充值	为客户储值卡账户进行资金存入的服务	/	×	×	×	×		×	×	×	√	×	
30		圈存	为客户将卡账户资金信息写入储值卡内电子钱包的服务	卡状态正常	×	√	×	×		×	×	√	√	×	
31		退费	在使用ETC进行消费时，发生的卡账号与实际扣款应付金额存在差异而退还通行费差额部分的业务	卡账户状态正常	×	√	×	×		×	×	√	√	×	
32		补卡额	客户储值卡内电子钱包已扣款，但卡账户未扣款，为客户补足卡内金额的服务	卡状态正常	×	√	×	×		×	×	√	√	×	

续上表

序号	业务类型	业务名称	定义	前置条件	线下办理					线上办理（含客户联络中心）					
					读身份证	读卡	验密	机动车行驶证	备注	二次授权	上传/验证身份证	读卡	验密	机动车行驶证	备注
33	资金业务	补交	在使用ETC进行正常消费时，发生与实际存金额与实际存在差异而补交差额部分通行费的业务	/	×	×	×	×	/	×	×	×	√	×	/
34		清账	为客户办理卡账户资金清算及注销的服务	卡注销	√	√	√	/	/	×	/	/	/	/	/
35		清户	为客户办理用户账户资金清算的服务	卡账户已清账	/	/	/	/	清账完成后自动生效	×	/	/	/	/	/
36		退款	将用户卡账户余额或用户账户余额退还的服务	已清账或清户	√	√	√	×	/	√	√	/	/	/	/
37	信息业务	查询	为客户办理信息查询业务的服务	/	√	/	/	/	/	√	√	×	√	×	/
38		咨询	为客户提供信息咨询业务的服务	/	×	×	×	×	/	×	×	×	×	×	/

续上表

序号	业务类型	业务名称	定义	前置条件	线下办理					线上办理(含客户联络中心)					
					读身份证	读卡	验密	机动车行驶证	备注	二次授权	上传验证身份证	读卡	验密	机动车行驶证	备注
39		投诉处理	接受客户投诉并给予处理回复的过程	/	×	×	×	×		×	×	×	×	×	
40	信息业务	客户信息变更	为客户信息或车辆信息变更的服务	/	√	×	×	×		×	√	×	√	×	满足征信体系、公安车辆信息及人脸校验
41		车辆信息变更	为车辆信息变更的服务	/	√	×	×	√	如变更字段在卡内或标签内,需同步变更卡及标签写入,车辆所有人信息及车辆所持行驶本及身份证,授权书	×	√	×	√	×	满足征信体系、公安车辆信息及人脸校验
42		密码重置	为用户重新设置密码的服务	/	√	×	×	×		×	√	×	√	×	满足征信体系、公安车辆信息及人脸校验
43	账户业务	销户	指为客户办理用户账户注销的服务	所有卡均已清户	√	×	×	×		/	/	/	/	/	

注:1. 车型不符仅能办理被动挂起业务,不能提供任何其他服务。
2. "√"表示需要提供,"×"表示不需要提供,"/"表示无此项。

业务状态与黑名单对应关系表　　　　附表3

序号	分类	状态类型	卡黑名单类型	电子标签黑名单类型	车牌黑名单	解除条件
1	卡状态	正常	否	否	否	—
2		卡挂失	卡挂失	否	否	解除挂起、有效期过期
3		有卡挂起	否	否	否	—
4		无卡挂起	无卡挂起	否	否	解除挂起、有效期过期
5		有卡注销	否	否	否	—
6		无卡注销	无卡注销	否	否	有效期过期
7	电子标签状态	正常	否	否	否	—
8		标签挂失	否	标签挂失	否	解除挂起、有效期过期
9		有签挂起	否	否	否	—
10		无签挂起	否	无签挂起	否	解除挂起、有效期过期
11		有签注销	否	否	否	—
12		无签注销	否	无签注销	否	有效期过期
13		维修中	否	否	否	—
14		已过户	否	否	否	—
15	其他	账户透支	账户透支	否	否	还款
16		支付机构黑名单	发行方审核	否	否	支付机构解除黑名单
17		车型不符	车型不符	车型不符	按规定申请	车型更正,补交通行费

附表 4

卡状态与卡业务对应关系表

用户卡		业务办理后状态					
	状态名称	正常	卡挂失	有卡挂起	无卡挂起	有卡注销	无卡注销
业务办理前状态	正常	换卡（新卡状态）	卡挂失	主动挂起	无卡挂起	换卡（原卡状态）有卡注销	无卡注销
	卡挂失	解挂补卡（新卡状态）	—	—	被动挂起	换卡（原卡状态）有卡注销	补卡（原卡状态）无卡注销
	有卡挂起	卡解除挂起	卡挂失	换卡（新卡状态）	—	换卡（原卡状态）有卡注销	无卡注销
	无卡挂起	卡解除挂起	卡挂失	主动挂起	—	有卡注销	无卡注销
	有卡注销	—	—	—	—	—	无卡注销
	无卡注销	—	—	—	—	有卡注销	—

附表 5

电子标签状态与标签业务对应关系表

电子标签 业务办理前状态 \ 业务办理后状态	正常	标签挂失	有签挂起	无签挂起	有签注销	无签注销	维修中	已过户
正常	重新安装激活 标签更换(新签状态) 过户(新账户下)	标签挂失	主动挂起	被动挂起	有签更换(原签状态) 有签注销	无签注销	标签维修	过户(原账户下)
挂失	解挂 标签补办(新账户下)	—	—	被动挂起	—	标签补办(原状态) 无签注销	—	—
有签挂起	标签解除挂起 过户(新账户下)	标签挂失	标签更换(新签状态)	—	有签更换(原签状态) 有签注销	无签注销	—	过户(原账户下)
无签挂起	标签解除挂起 过户(新账户下)	标签挂失	主动挂起	—	—	无签注销	—	过户(原账户下)
有签注销	—	—	—	—	有签注销	—	—	—
无签注销	—	—	—	被动挂起	—	—	—	—
维修中	注册,安装激活 标签更换(新签状态)	—	主动挂起	—	有签更换(原签状态) 有签注销	—	—	—
已过户	—	—	—	—	—	—	—	—